청자 지향적 관점의 표현 교육

청자 지향적 관점의 표현 교육

권 순 희

도서출판 역락

서 문

말을 통하여 화평에 이르게 하는 방법을 생각해 보면서 청자 지향적 관점의 대화 방법을 논의하게 되었다. 대화에서 청자의 역동적인 역할을 밝혀 이를 의사소통에 최대한 이용함으로써 효과적인 말하기를 할 수 있는 표현 방법을 규명하고, 이를 대화 지도에 적용해 보고자 이 연구를 시작하였다.

대화는 화자와 청자 간의 상호 작용으로 이루어진다. 화자가 청자를 어떻게 인식하고, 청자에 대해 어떤 태도를 취하며, 표현을 어떻게 선택하느냐에 대한 문제 규명은 국어교육의 내용 영역의 연구가 된다. 본고에서는 화자와 청자의 의사소통적 지위를 '정체성 구성하기'로 보았다. 화자는, 자기 자신에 대해 파악하는 정체성과 청자에 대해 파악하는 정체성, 청자와의 관계 속에서 파악하는 정체성의 조합으로 정체성을 구성하게 된다. 또, 정체성 구성으로 청자에 대한 태도를 선택하게 된다. 열린 태도를 선택할지 닫힌 태도를 선택할지를 결정하게 된다. 열린 태도로 나아갈 때 청자 지향적 관점의 표현을 구사할 수 있다.

청자의 역동적인 역할을 부각하는 쪽으로 말하기 교육이 이루어져야 한다. 지금까지의 말하기 지도와 말하기 이론 연구는 화자 측면이 강조되는 방식으로 이루어졌기 때문에 이에 대한 반성적 접근을 본고에서 하였다. 청자 관점을 부각하는 방식으로 표현 이론 연구와 교재 구성, 교수 학습 전략을 모색하는 쪽으로 연구를 하였다. 의사소통 현상 자체에 대한 기초적인 연구부터 접근하여 말하기 교육의 내용 구성에 대한 고민을 하였다.

국어가 인간보다 우선되거나 인간에게 짐을 지우는 형태로 작용하지 않기를 바란다. 국어로 새로운 세계가 창조되고 사람이 자유로운 삶을 누릴 수 있도록 국어를 교육하고 국어를 사용하여 창조 본래의 모습인 아름다운 모습으로 회복되기를 바라는 마음에서 이 책을 세상에 내놓았다. 국어를 통해 진리를 논의하고 삶을 논의하고 싶다. 말로, 말을 통해, 말과 함께 인간의 아름다운 관계 회복이 이루어지기를 간절히 바란다.

2005년 2월 3일

전주교대에서 저자

차 례

차 례

제 1 장 서 론

1.1 연구의 목적

본 연구의 목적은, 대화에서 청자의 역동적인 역할을 밝혀 이를 의사소통에 최대한 이용함으로써 효과적인 말하기를 할 수 있는 표현 방법을 규명하고, 이를 대화 지도에 적용하는 데 있다.

우리말 속담에 '아 다르고 어 다르다'는 말이 있다. 표현 선택의 중요성을 강조한 말이다. 표현을 달리 하면 표현 효과도 달리 나타나기 때문이다. 전통적인 대가족 제도 아래에서는 말을 조심할 것과 삼갈 것을 우선시하였다. 그러나 현대 사회에서는 생각이 바뀌었다. 서양의 개인주의와 핵가족 제도와 같은 여러 요인의 영향으로 자신의 의사표현을 분명히 할 수 있는 사회가 되면서 자신의 생각을 숨김없이 표현할 수 있게 되었다. 자신의 생각과 감정을 숨김없이 표현하는 것이 나쁜 것만은 아니다. 그러나 타인을 고려하지 않는다면 문제가 될 것이다. 요즘 젊은 이들이 타인을 고려하지 않고 자신을 표현하는 문화에 노출되어 있다며 말하기 교육에 대한 필요성을 강조하는 자성의 목소리가 높다. 이 때문에 청자를 고려한 말하기에 대한 연구가 필요하다.

국어교육에서 표현 교육 이론은 제5차 교육과정부터 논의되기 시작하여 제6차와 제7차 교육과정을 거치면서 본격적으로 교과서에 도입되었다. 그 동안의 표현 교육 이론은 인지 심리학적 관점에서 사고력 신장에 주안점을 두고 언어 사용 과정을 중시하는 견해가 주류를 이루었다.

화자와 청자의 상호 작용이 즉각적으로 나타나는 구어 표현인 말하기 교육에서도 언어 사용을 인지적 과정으로 보고 그 과정에 따라 표현을 지도하려고 하였다. 따라서 말하기 교육 영역의 내용 범주를 내용 선정하기, 조직하기, 표현하기 등으로 파악하고, 청자의 역동적인 역할을 충분히 고려하지 못한 일방적 의사소통 위주로 교육이 이루어졌다. 이러한 지도는 연설과 같은 말하기에는 잘 들어맞을지 모르지만 대화와 같은 담화 형태를 설명하기에는 어려움이 있다. 말하는 과정을 단계적으로 살펴보고 말하기 활동을 하도록 구성된 말하기 교육 연구는 화자의 인지과정을 규명하는 부분에서는 큰 성과를 이루었다. 그러나 청자와의 상호 협력적인 관계로 이루어지는 말하기 양상을 그대로 반영하여 지도하기에는 흡족하지 못하다. 그러므로 실제적인 말하기 양상을 설명하고 이를 반영하여 지도하기 위해 인지 심리학적 관점의 표현 교육 이론은 재고되어야 한다.

제7차 교육과정에서는 국어교육의 내용 체계를 듣기, 말하기, 읽기, 쓰기, 국어지식, 문학 순으로 구성하였다. 과거에 '말하기, 듣기, 읽기, 쓰기'의 순으로 기술하였던 것과는 달리 국어 사용 활동에서 듣기를 먼저 언급한 이유는, 아동의 언어 발달 양상을 살펴볼 때 듣기 활동이 말하기 활동보다 먼저 발달한다는 점을 염두에 둔 것이다. '듣기, 말하기, 읽기, 쓰기' 순의 배열은 듣기의 중요성을 강조하려는 의도와 청자 요인을 중요시해야 한다는 의도의 발로이다. 그렇다면 청자 요인은 듣기에서만 중요한 것일까?

화자는 자신의 의도에 따라 표현을 선택하게 된다. 이때 효과적인 표현을 하기 위해 화자의 의도 하에 청자를 배려하여 언어 표현을 선택하는 방법이 있다. 청자의 입장을 고려하는 표현은 청자에 대한 심리적 태도인 내적 태도와 관점에 따라 실현된다. 화자가 청자와의 관계를 어떤 태도로 바라보고, 청자를 배려하는 관점을 어떻게 선택하느냐에 따라 표현 양식이 달라질 수 있는 것이다.

본고에서는 대화를 화자와 청자의 상호 협력적이고 상호 역동적인 현상으로 보고 청자의 입장을 고려한 화자의 관점 선택에 대해 연구하고자 한다. 청자의 입장을 고려하기 위한 화자의 배려 요소를 토대로 언어 현상을 살펴보는 것은 표현 지도의 새로운 장을 열어줄 것이다. 특히 말하기 교육 중 정의적 영역에 대한 지도에 새로운 면모를 더해 줄 것이다. 말하기 교육에서 정의적 영역을 교육해야 한다는 논의가 이루어지고 있지만 구체적인 교수 학습 내용의 제시가 미흡한 형편이다. 태도와 관점을 고려한 본 연구의 청자 지향적 관점의 표현 연구는 정의적 영역의 말하기 교육 내용을 구성하는데 일조를 할 것이다.

1.2 선행 연구사 검토

국어교육에서 말하기·듣기 영역에 대한 연구는 다른 영역의 연구에 비해 상대적으로 부족한 것이 현실이다. 본 연구와 관련하여 살펴보게 될 선행 연구는 크게 세 가지로 범주화할 수 있다.

첫째는 말하기·듣기의 본질을 어떻게 파악하느냐에 관련된 논의이다. 화법을 화자와 청자의 상호 협력적인 활동을 통한 관계 형성 과정으로 파악하는 국내의 연구에는 김진우(1994), 전은주(1998) 등이 있다.

김진우(1994)에서는 상황의존의 원칙에 입각하여 화자를 대화의 산출자, 청자를 대화의 능동적 수용자로 보고 이들의 상호 협력적인 것으로 화법을 논의하고 있다. 화법은 인간 관계와 관련된 것이기 때문에 화법을 지도하기보다는 인간됨을 지도해야 한다는 김희수(1994)에서는 말 잘하는 사람보다는 실천을 강조하던 동양 고전적인 방법을 언급하고 있다. 최근 논의되고 있는 화법 교육에서는 말하기를 인간의 관계 형성 과정으로 보고 있다(이창덕 외, 2000; 박기순, 1998; 임칠성 1997 등).

전은주(1998)에서는 말하기·듣기 활동을 동시적, 교섭적 특성을 지닌 것으로 파악하고 있다. 이를 고려하여 '상호 관계적 말하기·듣기 교수 학습'의 원리와 모형을 논의하고 있다. 이주섭(2000)에서는 말하기·듣기 교육에 대해 상호 교섭적 관점을 채택하고 있다. 상호 교섭적 관점에 입각하여 말하기와 듣기 교육을 교육과정에서 통합할 것을 제안하고 있다. 또 두 영역을 통합할 때의 연결 고리로 상황 맥락의 구성 과정을 설정하고 있다. 이상의 논의들은 말하기·듣기의 본질을 상호 협력적이고 역동적인 것으로 바라보고 있다는 점에서 최근의 연구 흐름을 대변하고 있다. 본고의 논의도 기본적으로는 이를 따르고 있다.

전통적으로 연설을 위주로 하는 웅변 교육이 말하기 교육이라는 생각을 떨치지 못했던 사회 현실적 반응과 화법 이론의 초기 단계의 연구 성과물에 비한다면 화법에서 화자와 청자의 상호 작용을 중시하게 된 최근의 학문적 동향은 바람직한 일이다.

둘째는 화법 유형 중에서 일상적인 대화의 기법에 대한 논의이다. 대화의 기법을 구체적으로 살펴보고자 하는 노력의 일환으로 노은희(1999)에서는 반복 표현의 기능을 살펴보고 있다. 구현정(1997, 2000)에서는 남성과 여성의 화법, 부모와 자녀의 화법, 유머 화법 등 구체적인 언어 양상을 분석함으로써 바람직한 대화의 기법을 모색하는 연구를 하고 있다. 구현정(1997, 2000)에서는 그라이스(Grice, 1975)가 제시한 대화의 원리인 협력의 원리에 기초를 두고 대화를 협력적으로 풀어갈 수 있는 방법을 모색하고 있다. 대화의 방법이나 대화의 원리에 대한 연구는 말하기 교육의 내용 영역을 구체적으로 보완하는 작업에 도움을 줄 것이다.

셋째는 관점을 말하기에 응용하여 관점에 따라 달리 나타나는 표현 양상에 대한 논의이다. 국내에서 관점에 대한 논의는 미미한 상태이다.

국외에서 관점은 사회언어학, 텍스트 이해에 관련된 분야, 수사학, 지시와 은유 등 다양한 분야에서 연구되고 있다. 특히 관점의 기능에 대한 연구가 늘어나고 있다(Grauman, 1989: 95).

교육학에서도 교육의 주요한 목표의 하나로 관점을 교육해야 하는 것으로 보고 있다. 보크만(Volkmann, 1951)에서는 미국의 영어 교육을 비판하면서 학생들이 더 나은 관점과 더 다양한 관점을 산출할 수 있도록 하는 것이 교육의 주요한 목표가 되어야 한다고 강조하고 있다. 관점을 취한다는 것은 관련되는 다양한 측면을 추상화하는 방법을 알아 가는 것이라고 보고 있다.

관점의 역할에 대한 이론의 기원은 현상학(Husserl, 1948, 1950)과 사회학(Mead, 1934, 1959)에서 찾아볼 수 있다. 현상학과 사회학에서는 각각 개인적인 접근과 사회적인 접근을 하고 있다.

현상학에서는 관점을 상황과 관련 있는 자질로 본다. 관점은 상황에 따라 바뀔 수 있기 때문에 정적인 구조가 아니라 개방적 구조를 지닌다. 또 관점은 개인적인 경험에서 귀납 추리된 결과물이라는 특성을 지닌다(Grauman, 1989: 97). 현상학적인 입장에서는 언어에 대한 설명 없이 경험과 행위의 인식에 치중하여 관점을 설명하려는 단점을 지니고 있다. 또 현상학적인 접근은 인지 심리학에 근거하고 있고 개인적인 접근이라 할 수 있어 사회 심리학적인 접근인 관점의 공유나 교환에 대한 이론적 근거를 마련하지 못하고 있다. 즉 현상학적 접근은 상호 주관성(intersubjectivity)의 문제를 해결하지 못하는 단점을 지닌다.

사회학적인 접근으로는 상호작용주의자들의 접근법을 들 수 있다. 상호작용주의자들의 접근법은 지시의 틀로서 관점을 논의하고 있다. 여기, 저기, 지금, 그때 등의 지시가 상대적이라는 사실에 토대를 두고 있다. 자기 자신의 관점뿐만 아니라 그룹의 관점, 사회적으로 일어나는 공통적인 관점도 고려의 대상에 넣어야 한다는 것이다. 표현을 할 때 다른 사람의 관점을 취하거나 상호적인 역할을 받아들여야 한다고 보고 있다. 미드(Mead, 1934, 1959)가 어린이들이 역할 놀이나 게임에서 다른 사람의 관점을 고려하는 법을 배우게 된다고 언급한 것은 잘 알려진 사실이다. 관점을 선택하는 데 있어 상호 작용적 특성을 고려한다면 관점은 개인적이고 주관적인 용어로서가 아니라 다른 사람과의 관계 속에서 형성되는 사회적인 용어로 이해해야 한다. 의사소통에서 의미 형성은 다른 사람에 대한 개인의 태도에 영향을 받아 이루어진다. 본 연구에서 취하는 접근법은 현상학적인 접근법보다는 사회학적인 접근법인 상호작용주의자들의 접근법에 가깝다.

그라우만(Graumann, 1989: 101)에서는 개인의 관점은 태도의 측면에서 긍정적인 태도를 취하느냐 부정적 태도를 취하느냐와 관계가 있고 태도의 문제로 규정할 수 있다고 보고 있다. 그러므로 [그림 1-1]과 같이 관점은 세분화되어 나눌 수 있는 긍정과 부정이라는 양축 사이의 거리(distance)로 볼 수 있다고 언급하고 있다.

그림 1-1 관점의 거리적 개념

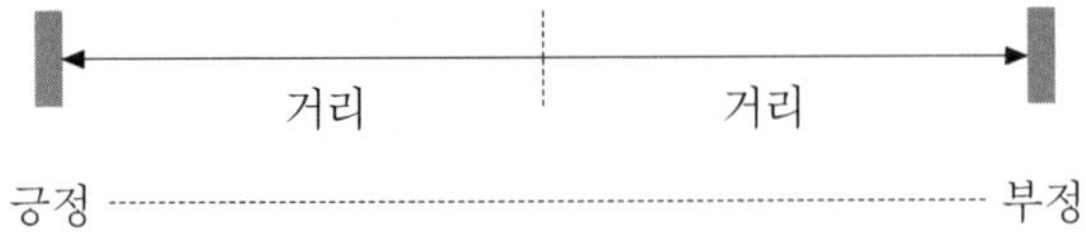

관점 선택에 대한 담화 연구로는 첫째, 사회학에서 영감을 얻은 이념적 시각, 또는 비전(vision)에 대한 연구, 둘째, 좀더 문학적인 성격을 띠는, 이야기하는 사람(narrator)의 시각, 또는 초점화(focalization)에 대한 연구, 셋째, 통사적 성격을 띠는, 공감도(empathy)라 불리는 화자의 태도에 관한 연구 등 세 가지 중요한 접근법이 있다(이원표 역, 1997: 233).

첫째, 이념적 시각에 대한 연구에서는, 정보가 이념적 시각에서 제시될 수 있다는 전제로 출발하고 있다. 정보는 여러 가지 다른 관점에서 제시될 수 있다. 정보는 규범과 사회적 관계에 속하는 여러 가지 가치들의 체계와 같은 이념적 시각에서 제시될 수 있다. 동일한 사건에 대한 보도를 신문마다 다르게 하는 것도 바로 이런 이유 때문이다. 이념적 시각에 관한 연구에서 중심적인 문제는 이념이 어떻게 언어 사용에 영향을 끼치는가 이다. 특정한 문제에 대한 자신의 입장이 중립적이라고 말하는 신문기사조차도 주관적임을 배제할 수 없다. 그러나 이념적 시각에서의 관점 선택에 대한 연구는 사회학에 더 가까운 연구이므로 본 연구에서는 가급적 피하겠다.

둘째, 이야기 이론(narrative theory)에 결부되는 시각 분석에 의해서 제시된 표현 방법으로 초점화를 들 수 있다. 이 접근법에서는 이야기하는 사람이 사건의 목격자 일 수도 있고 사건의 목격자 이외의 다른 사람일 수도 있다. 존과 니스벳(Jones and Nisbett, 1972)은 행위자, 관찰자와 관련하여 시점과 유사한 개념으로 관점을 사용했다. 행위자와 관찰자는 같은 정보에 대해서도 각기 다른 관점을 취하게 된다는 사례를 제시하고 있다.

셋째, 통사적 성격을 띠는, 공감도(empathy)라 불리는 화자의 태도에 관한 연구로는 쿠노(Kuno, 1987)를 들 수 있다. 쿠노(Kuno, 1987)에 의하면, 어떤 사태를 기술할 때, 화자가 이 사태와 관련된 개체 중 어느 하나의 입장에서 사태를 기술하는 것을 공감도(empathy)로 설명하고 있다. 쿠노(Kuno)는 공감도를 "기술하고 있는 사태에 관련된 개체 중 어느 하나에 화자가 자기 자신을 일치시키는 정도"라고 정의한다(Kuno, 1987; 박승윤, 1990: 195).

언어 교육학에서 관점을 이용한 대표적인 연구로는 각기 다른 관점을 이용하여 읽기에 활용한 피셔와 앤더슨(Pichert & Anderson, 1977)을 들 수 있다. 이 논문에서는 관점을 고도의 스키마(high-level schemata)로 보고 있다. 독자들은 텍스트를 읽을 때 각기 다른 관점을 취하기 마련이다. 어떤 관점에서는 중요하다고 생각되는 텍스트 요소가 다른 관점에서는 중요치 않게 다루어지기도 한다. 이를 증명하기 위하여 집안의 상태와 기물을 묘사한 글을 3부류의 실험집단에게 주고 읽게 한 후에 이를 회상하게 하는 실험을 하고 있다. 부동산 구매업자의 관점을 취한 집단과

도둑의 관점을 취한 집단, 특정 관점을 한정하지 않은 통제 집단에게 각각 글을 읽게 한 후에 기억나는 내용을 기술해 보게 한 결과 각 집단이 취한 관점에 따라 회상 내용이 각기 다르게 나타났다는 것이 연구의 주요 내용이다. 도둑의 관점을 취한 집단은 텔레비전이나 보석에 관심을 보였고 부동산 구매업자의 관점을 취한 집단은 물이 새는 천장에 관심을 보였다. 이 실험은 373개의 어휘로 구성된 글을 주고 2분 동안 글을 읽게 한 후에 12분 동안 84개의 어휘 항목을 쓰게 한 실험이었다.

또한 1년 후의 논문인 앤더슨과 피셔(Anderson & Pichert, 1978)에서는 관점을 바꾸어서 읽은 글의 내용을 회상하게 하는 실험을 하였다. 도둑의 관점으로 글을 읽은 집단은 집을 사려는 사람의 관점에서 글의 내용을 회상하게 하고 반대로 집을 사려는 사람의 관점으로 글을 읽은 집단은 도둑의 관점에서 글의 내용을 회상하게 하였다. 그 결과 두 번째 회상에서 새로운 것을 기억해 내었다는 연구는 스키마가 회상에 영향을 미친다는 기존 이론에 대한 반박의 이론을 정립하였다. 주의를 집중하는 관점이 무엇이냐에 따라 기억하여 회상해 낸 내용이 달라진다는 결과를 얻어내었다. 중요도에 대한 기준이 달라지기 때문에 1차에 회상 못했던 것을 2차에서는 기억해 낸 것이다. 회상은 머리 속에 저장된 지식의 스키마를 어떤 절차로 구성하느냐의 문제가 아니라 어떤 관점을 택하느냐에 따른 문제라는 결론을 얻어내었다. 이 연구는 관점에 따라 내용이 결정된다는 견해를 뒷받침하고 있다.

관점을 쓰기에 활용한 연구로는 그라우만과 솜머(Graumann & Sommer, 1988)를 들 수 있다. 관점에 따라 글의 내용이 달라 질 뿐만 아니라 언어적 구조도 달라진다는 연구이다. 한 집단의 피실험자들에게는 중고차를 사는 사람의 관점에서 글을 쓰게 하고, 다른 한 집단의 피실험자들에게는 중고차를 파는 사람의 관점에서 글을 쓰게 하고, 통제 집단의 피실험자들에게는 중립적인 입장에서 글을 쓰게 한 후에 언어적 구조나 어휘의 측면에서 드러나는 차이를 살펴보았다. 피실험자들이 쓴 글을 거시적 차원에서 분석해 보았을 때 내용 요약과 이야기 구조면에서 행위자의 입장에서 글이 전개되고 있음을 알 수 있었다. 중고차를 사는 사람, 중고차를 파는 사람, 중고차를 거래하는 행위에 대한 관점이 각각의 글에 드러났다. 또 미시적 차원에서는 문법적인 주어나 동사 등의 선택은 관점 선택과 밀접한 관련이 있다고 밝혀졌다. 즉, 행위자의 입장에서 언어적인 관점이 드러나는 어휘를 취한다는 것을 알 수 있었다. 또 중립적인 입장에서 글을 쓴 피실험자들은 행위자의 입장에서 글을 쓰지 않고 사건 위주로 글을 기술하였다.

듣기에서 관점을 이용한 연구로는 청자의 역할에 따라 화자가 메시지를 구성하는 형태가 달라진다는 내용을 실험으로 증명하고 있는 논문으로 크라우스(Krauss, 1987)를 들 수 있다. 이 논문 역시 인지 심리학적인 접근법을 취하고 있다. 청자는 단순히 수동적인 정보 입수자가 아니라 얼굴 표정을 바꾸거나 고개를 끄덕이거나 간단한 말로 응대 등을 함으로써 화자가 메시지를 구성하는 방법을 조절하게 해 주는 존재이다. 크라우스(Krauss, 1987)에서는 청자의 반응에 따라 화자가 메시지를 구성하는 형태를 살펴보기 위하여 피실험자들에게 모래 시계와 유사한 추상적인 그림을 주고 청자의 반응에 따라 그림을 묘사하게 하는 실험을 하였다. 그 결과 청자의 반응에 근거하여 화자가 그림을 묘사하는 횟수가 증가할수록 그림을 묘사하는 어휘의 수가 감소하여 표현이 간단해짐을 알 수 있었다. 청자의 반응에 따라 화자는 그림을 묘사하는 어휘의 양을 조절하게 된다. 청자가 알아듣지 못할 경우에는 장황한 설명을 하지만 청자의 반응이 긍정적일 경우에는 간단한 표현을 써서 화자는 그림을 묘사하게 된다. 시간이 지날수록 청자가 묘사 내용을 이해하게 됨으로써 화자는 그림을 묘사할 때 사용하는 어휘의 수를 줄여가게 된다는 것을 보여주는 연구이다.

이상에서 살펴본 바와 같이 언어 교육학에서 관점을 이용한 연구는 듣기, 읽기, 쓰기 분야에서는 일부 논의되고 있지만 말하기 분야에서는 연구가 미흡하다. 말하기 분야가 다른 분야에 비해 연구가 활발히 이루어지지 않은 것에도 그 이유가 있을 것이다.

그밖에 클락(Clark, 1985), 클락과 마살(Clark & Marshall, 1981)에서는 상호적 지식(mutual knowledge)의 배경(grounding)으로 관점을 소개하고 있다. 클락과 윌키스깁스(Clark & Wilkies-Gibbs, 1986)에서는 관점 공유에 눈을 돌리기 시작하였다. '공유하는 관점(common perspective) 확립'이라는 개념으로 관점에 대한 연구를 구체화한 것이다.

관점은 시점이나 인지, 태도와 관련이 있다. 더 나아가 기술적인 수준(technical level)에서도 관점은 스키마, 지시(reference)의 틀, 태도와 역할의 틀 등과 관련이 있다(Graumann, 1989: 95). 이와 같이 다양하게 관점이라는 용어를 사용하고 있다. 또한 사회적 요구로 관점의 기능에 대한 연구가 증가하고 있다. 언어 텍스트 이해 부분에서도, 문학 분석에서도 수사학이나 지시, 은유에 대한 연구에서도 관점이라는 용어는 널리 사용되고 있다.

1.3 연구 대상과 연구 방법

본 연구는 대화 분석을 통해 대화의 기법을 찾아내고 이를 말하기 교육 현장에서 활용하는 방안을 모색하는 연구이다. 그런데 전반적인 대화의 기법을 찾아낸다는 것은 방대한 일이기 때문에 비공식적인 일상 대화에서 청자의 입장을 배려하여 말하는 청자 지향적 관점의 표현에 국한하여 논의할 것이다. 청자 지향적 관점의 표현은 화자와 청자의 상호 역동적인 관계를 가장 잘 반영하는 말하기 분야에서 살펴볼 때 그 효용성이 크다. 화자와 청자의 상호 역동적인 관계를 가장 잘 반영하는 말하기 분야는 연설이나 강연과 같은 대중적 화법보다는 일상 대화와 같은 대화적 화법 분야이다. 따라서 본고에서는 말하기의 여러 분야 중에서도 일상 대화로 한정하여 논의를 하겠다.

대화에 드러난 청자 지향적 관점의 표현 양상을 살펴보고 표현 기법을 분석함으로써 청자 지향적 관점의 표현 기법을 말하기 교육의 교수 내용으로 제시할 것이다.

이를 위해 본 연구는 상호 작용적 의사소통의 대표적인 형태인 비공식적인 일상 대화를 녹음해서 전사하고 이 자료에 대한 분석과 이론적 접근을 병행하겠다. 본 연구의 결과는 다음과 같은 순서로 제시될 것이다. 우선 2장에서는 청자에 대한 태도와 표현의 관련성을 살펴보겠다. 청자에 대한 태도를 살펴보기 위해서는 그 태도가 나오게 된 근본적인 원인이라 할 수 있는 자아의 문제부터 논의해야 할 것이다. 화자와 청자 개개인의 자아를 어떻게 파악하고 있는가를 살피고 화자와 청자의 관계 속에서 자아를 어떻게 파악하고 있는가를 살펴야 할 것이다. 화자와 청자의 관계를 어떻게 형성해가고 그 관계를 어떻게 파악하느냐의 문제는 자아의 파악과 관계의 파악이라는 의미를 지닌 '정체성 구성하기' 개념으로 설명될 것이다. '정체성 구성하기'는 화자가 청자와의 관계를 파악하는 태도를 설명하기 위해 도입된 개념이다. 화자는 '정체성 구성하기' 과정 속에서 화자와 청자의 관계를 파악하고 화자는 청자에 대한 태도를 선택하게 된다. 화자는 청자에 대한 태도를 결정한 후 대화의 관점을 선택하게 된다. 이 때 화자는 청자를 고려하는 관점을 선택하기도 하는데, 이와 같이 청자를 배려하고 고려하는 관점을 청자 지향적 관점의 표현이라 할 수 있다.

3장에서는 청자 지향적인 관점의 표현 양상과 방법을 살펴보겠다. 관점에 따른 표현 양상을 살펴보고자 하는 시도로 청자 지향적인 관점의 표현을 택하게 된 것은 말하기의 구성 요소를 화자, 청자, 상황, 메시지 등으로 보았을 때 그 동안의 연구에서 가장 미미한 관심을 받았던 청자 요인을 부각시키고자 하는 의도 때문이다. 청자 요인을 고려하면 화자는 청자에 대한 이해를 넓힐 수 있고 열린 태도로 청자와 대화를 하는 결과를 낳는다.

4장에서는 설문 조사를 통하여 청자 지향적 관점의 표현이 교육적으로 실효성 있는 것인지 증명해 보이고 청자 지향적 관점의 표현을 지도하기 위한 교재 구성 원리와 교수 학습 과정을 구안해 보겠다.

제 2 장　말하기 태도와 관점의 전제

화자는 청자와 대화를 통해 청자에 대한 태도를 드러내고 같은 말이라도 청자에 따라 표현을 각기 다르게 하기도 한다. 그렇기 때문에 그 속에서 화자의 심리적 상태, 가치관, 인생관, 교육 정도, 사회적 경제적 지위뿐만 청자에 대한 친밀도, 청자에 대한 대우 등 다양한 요소를 읽을 수 있다. 화자의 말하기 태도는 어떻게 결정되는지 이를 설명하는 방식은 매우 다양하다. 그러나 청자를 어떻게 파악하며 화자 자신을 어떻게 파악하느냐 그리고 화자와 청자의 관계를 어떻게 파악하느냐의 문제는 화자의 말하기 태도를 설명하는 하나의 열쇠가 될 수 있다. 이 장에서는 화자가 말하기의 태도를 선택하는 것이 화자 자신과 대화 상대자인 청자의 자아(정체성, identity) 또 화자와 청자 상호 간의 관계에 대한 자아(정체성, identity)를 어떻게 인식하고 표현하느냐의 문제와 관련된다는 전제 아래, 화자의 말하기 태도 유형을 '정체성 구성하기'의 선택 유형과 관련하여 살펴볼 것이다.

2.1 화자와 청자의 관계

2.1.1 화자와 청자 개념

'화자'와 '청자'라는 용어는 수사학에서 기원했다. 수사학은 화자 중심적인 말하기 분야부터 연구되기 시작하였다. 연설과 같은 일방적인 말하기 연구가 이 사실을 대변한다. 그러나 연설과 같은 화자 중심적인 일방적인 말하기에서 사용하게 되는 '적극적인 말할이'로서의 '화자'와 '소극적인 들을이'로서의 '청자'의 개념으로는 대화와 같은 일상적인 의사소통에서 화자와 청자의 관계를 설명하기 어렵다. 대화에서 청자는 화자의 말에 반응, 응답하거나 주도적인 말할이의 역할도 하는 존재이며 또 하나의 말할이가 되기 때문이다. 따라서 단순한 청자로 끝이 나는 관계가 아니고 화자와 끊임없는 상호 작용으로 의사소통을 이루어나가는 존재로서의 청자의 위상을 찾을 수 있는 용어의 모색이 필요하다.

말하기 연구에 대한 기원은 그리스의 수사학으로 거슬러 올라갈 수 있다. 물론 이집트 파피루스의 문헌을 증거로 수사학이 그리스인에 의해 최초로 형성되었다는 사실에 의문을 제기하기도 한다(임영환 외, 1997: 237). 그럼에도 불구하고 아직까지는 그리스인이 수사학을 최초로 체계화하였다는 점에는 의견을 같이 하고 있다.

수사학이 발달하게 된 시대적 배경을 보면, B.C. 467년 시실리(Sicily)의 시라큐스(Syracuse)에서 트라시발루스(Thrasybalus)라는 독재자가 쫓겨난 후에 이루어진 민주 정부의 수립이었다고 한다. 독재자가 물러나자 그에게 빼앗겼던 재산과 시민권을 되찾으려는 시민들이 법정에 몰려들면서, 서로 자기의 권리를 되찾기 위하여 어떻게 자기의 주장을 법정에서 효과적으로 표현, 전달할 수 있느냐 하는 방법에 관심을 갖게 되었다고 한다. 이때 이러한 시민들의 욕구에 부응, 코랙스(Corax)라는 사람이 수사술(修辭術)이라는 책을 써서 시민들에게 법정에서 효과적으로 논증하는 방법을 가르치기 시작했는데 이것이 수사학의 효시라고 한다(차배근, 1995: 106). 수사학이 발달하게 된 또 하나의 요인이 된 것은 민주주의 방법에 의한 선거제도이다. 선거에서 대중을 청자로 한 웅변술의 요구가 수사학의 발달을 유도하였다. 즉 변론과 연설 등 대중을 청자로 한 일방적인 말하기의 요구가 수사학의 발달로 이어졌다. 이러한 수사학의 기원에 의해 일방적인 말하기의 유형에 적합한 용어[1]인 화자와 청자라는 용어가 나오게 된 것이다.

이와 같이 고대 수사학 이론에서는 일방적인 말하기에 주안점을 두었고, 청자에게는 단순히 메시지를 받아들이거나 거부하는 존재로서의 역할이 강조되었다. 그러다 보니 화자와 청자의 상호 작용적 의사소통인 대화에 적용이 될 만한 청자의 개념과는 다른 청자의 개념이 설정되었다. 수동적인 청자의 역할과 기능에 대한 생각은 수년간의 말하기 연구에서 화자 위주의 언어 표현에 대한 연구가 두드러지는 성과를 이루게 하였다.

그러나 말하기에서 청자의 역동성을 강조하는 인식의 전환으로 청자에 대한 재평가가 이루어졌고 언어 표현에 대한 연구도 화자만큼이나 청자의 역할을 강조하는 쪽으로 눈을 돌리게 되었다. 근래 화법 연구에서 화자와 청자 상호간에 의사소통의 대표적인 형태인 대화를 연구하게 된 것이 그러한 대표적인 예이다.

청자에 대한 인식을 새롭게 한 이로는, 고프만(Goffman)을 들 수 있다. 고프만(Goffman, 1981)에서는 참여자틀이란 개념으로 청자를 구분하고 있다. 이 '참여자틀'에 따르면, 우리가 일상적으로 말하는 화자와 청자의

---

1) 아리스토텔레스가 제시한 의사소통 모형에서도 이 사실은 극명하게 드러난다. 아리스토텔레스는 의사소통을 화자(speaker)가 말(speech)이라는 수단을 사용하여 청자(listener)의 태도나 행동을 변화시키는 역동적인 설득과정으로 보고, 그 과정을 [그림]과 같은 일종의 의사소통 모형으로 나타내었다.

[그림] 아리스토텔레스의 의사소통 모형(차배근 1995 참조)

화자(speaker) → 메시지(speech) → 청자(listener)
상황(setting)

역할이 좀더 세분될 수 있고, 이런 세분된 역할이 발화문의 생성이나 해석에서 중요한 화용적 요인이 될 수 있다. 가령, 법정에서 변호사나 검사가 증인과 질문을 주고받는 경우, 표면적으로는 증인이 변호사나 검사가 의도한 청자인 것처럼 보일지 모르지만, 많은 경우, 판결 권한을 가진 판사나 배심원들이 실제 의도된 청자가 된다.

또 버슈어렌(Verschueren, 1987: 11)에서도 청자를 세분하여 구분하고 있다. 청자를 자아청자(自我聽者)와 타청자(他聽者)로 대별하고 있다. 자아청자는 화자 자신이 말을 하면서 자기 자신의 말을 재검토하는 화자적 요소를 지닌 청자로 광의의 청자 개념에 포함되는 개념이다. 타청자는 우리가 기존의 청자라고 논의되었던 협의의 청자를 일컫는 개념으로 이해하면 될 것이다. 타청자는 다시 참가자와 비참가자로 구별할 수 있는데 비참가자는 방관자와 도청자를 포함한다. 청자를 이상과 같이 구별하였을 때의 장점은 화자 위주의 언어 현상 연구가 이제는 청자를 중시하는 언어 현상 연구로 나아갈 새로운 계기를 마련해 준다는 데 있다.

화자, 청자라는 용어는 말할이와 들을이라는 의미를 지니고 있어 순서의 교대로 이루어지는 대화 양상을 대변해 주지 못한다는 인상을 주기 때문에 문제가 있다. 그래서 유동엽(1997: 20-21)에서는 화자와 청자라는 용어 대신에 주도자, 조력자라는 용어를 쓸 것을 제안한 바 있다. 유동엽의 논의에서 조력자라는 용어는 대화를 하는 상황에서 갈등은 없고 항상 협력하여 의사소통을 해나가는 청자로서의 위상을 대변하는 어감이 있다. 노은희(1999: 17)에서는 화자와 청자를 특별히 구별할 필요가 있는 경우를 제외하고는 화자와 청자를 아우르는 개념으로 대화 참여자라는 용어를 사용하고 있다.

본고에서는 논의의 편의를 위해 새로운 용어를 만들어 사용하지 않고 화자와 청자라는 용어를 그대로 사용하되, 청자의 의미를 적극적인 대화 상대자이면서 대화 참여자로 보아 '화자와 상호 작용을 통해 의사소통을 하는 자'라는 개념으로 사용하겠다. 화자와 청자의 역할은 고정되어 있는 것이 아니고 서로 순환되어야 한다. A가 화자일 때는 B가 청자가 되고, B가 화자일 때는 A가 청자가 된다. 청자는 의사소통 과정의 일직선상의 한 끝에 존재하는 단순한 수동적인 청자가 아니라, 화자와 쌍방적으로 상호작용을 하면서 의사소통의 내용을 굴절 또는 변형시키기도 하는 조정자(mediator)[2]이다.

2.1.2 화자 · 청자의 의사소통적 지위

화자와 청자의 의사소통적 지위를 살펴보는 것은 화자와 청자 상호간의 관계를 파악하는 문제와 관련이 있다. 화자와 청자의 상호간의 관계를 파악하기 위한 요인에는 언어적 요인, 준언어적 요인, 비언어적 요인[3]으로 대별되는 언어학적인 측면의 요인과 사회적 지위, 성별, 연령, 가치관 등으로 대별되는 사회, 문화적 측면의 요인, 시대에 따라 변하게 되는 시대적 측면의 요인 등이 있다.

첫째, 언어학적 측면의 요인으로는 언어적 요인과 준언어적 요인, 비언어적[4] 요인 등이 있으며, 이들 요인에 따라 화자와 청자 상호간의 관계 파악이 달라지고 표현이 달라질 수 있다. 언어적 요인이란 정보를 전달하는 매체인 음성 언어를 의미하며 메시지와 관련된 요인이다. 준

---

2) Nunan(1991)에서는 말하기 과제의 어려움이 소위 '대화자 효과(interlocutor effect)'에 의해서 결정된다고 설명하다. 다시 말하면, 대화자가 의사소통의 목적을 이루기 위해서 협상하는 협력적인 모험(collaborative venture)이 의사소통이며, 이 대화자의 기술에 의사소통의 성패가 달려있다고 보고 있다.

3) 구현정(1997: 29)에서는 의사소통의 수단으로 언어적인 것과 비언어적인 것이 있고 이는 각각 음성 언어와 동작 언어에 해당한다고 언급하고 있다. 언어적 의사소통에 사용되는 것을 '음성 언어'라고 명명하고, 비언어적 의사소통에 사용되는 몸짓, 얼굴 표정 등을 포괄적으로 '동작 언어'라고 보고 있다. 그러나 음색, 음량, 억양, 강세 등과 같은 준언어적인 요인은 따로 설정하지 않고 있다.

4) '비언어'라는 용어는 재고할 필요가 있다. 언어와 대비되는 '비언어'라는 용어보다는 언어를 적극적으로 보완하는 의미 전달 매체로 새롭게 명명할 필요가 있다. 요즈음엔 '비쥬얼 언어', '시각적 의미 행위'라는 용어를 쓰기도 한다.

언어적 요인이란 초분절적 표현[5]이나 비분절적 표현[6]으로 일컬어지는 것으로 목소리의 크기, 강세, 억양, 음질, 속도, 쉼 등을 포함하는 것이다. 비언어적 요인이란 몸의 움직임, 제스처, 거리, 시선, 얼굴 표정 등 동작[7]과 관련된 요인이다.

언어적 요인 중 하나인 메시지에 청자의 지식이 영향을 미치는 경우[8]가 있다. 청자는 적어도 두 가지 면에서 메시지의 내용과 형태에 영향을 준다.

첫째, 청자의 개인적인 특징이 화자와 공유하게 되는 공통지식(common ground)을 규정하는 데 영향을 준다. 그 결과 화자가 메시지를 구성할 때 사용하는 지식에 영향을 미친다. 청자의 특징이 화자에게 영향을 주어, 같은 사회에 소속된 구성원이냐 아니냐에 따라 또 자기 자신에게 말하느냐 그렇지 않느냐에 따라 메시지의 내용과 형태가 달리 나타난다.

둘째, 대화에서 서로간의 반응을 통해 화자로 하여금 서로간의 지식 상태가 어떠한지 알게 해 주며 그 결과 효과적인 메시지를 전달하도록 도와준다.

청자의 반응[9]을 토대로 화자의 메시지 형태와 내용이 달라진다는 이

---

5) 초분절적 표현이란 자음과 모음이 결합된 분절음을 발음할 때에 그 분절음 위에 층위를 달리하여 자립적으로 얹혀 있는 요소, 즉 크기, 강세, 억양, 음질 등을 말한다. 예를 들어 평서문을 상승조의 억양으로 말하면 의문이라는 의미가 전달되고, 또 어떤 단어에 강세를 주느냐에 따라 의미가 달라진다.

6) 여기서 비분절적이란 자음과 모음 등의 분절음 자체도 아니고, 또 분절음에 자립적으로 얹혀 있는 억양이나 강세도 아니면서 소리의 청각적 요소가 되는 것을 말한다. 속도, 발음의 길이, 쉼, 간투사의 사용 등이 이에 속한다.

7) 비언어적 요인에 대한 연구는 최근에야 과학적인 방법으로 연구되기 시작했다. 비언어적인 요인을 연구하는 학문 분야를 동작학(kinesics)이라고 명명하고 있다. 동작학의 창시자인 버드휘스텔(Birdwhistell)에 의하면 언어적 요인과 비언어적 요인이 전체 의사소통에서 차지하는 비율은 각각 35%와 65%이다(박기순, 1998: 130). 이와 같은 연구 결과를 일반화시키는 데에는 문제가 있을 수 있지만 이 연구 결과는 비언어적 요인이 대화에서 차지하는 비율과 그에 따른 중요성을 충분히 시사해 주고 있다.

8) 성공적으로 의미를 구성하고 공유하는 데 있어서 문법 지식만 필요한 것은 아니다. 말하기에서 의도하고 있는 상대방 혹은 다른 사람들에 대한 지식이 필수적이다. 청자에 맞추어 메시지를 조정해야 한다(임칠성 역, 1997: 24).

9) 상거래 중 의류 판매와 구매의 대화에서 청자의 반응을 알아보기 위하여 소규모 설문조사를 실시해보았다. 조사기간은 2000년 11월 1일부터 15일까지로 하였으며, 조

론은 사회적 행동에 대한 연구로 언어에 대해 깊이 있게 이해하도록 도움을 준다.

○○백화점에 가는 길을 길가는 사람에게 물어보았을 때 질문의 유형에 따라 청자가 달리 반응하더라는 연구 결과는 청자의 관점을 고려한 말하기에 시사점을 던져주고 있다. 크라우스(Krauss, 1987: 91)는 도시에 살고 있는 화자가 "○○백화점 어떻게 가죠?"라고 물어 보았을 때와 도시에 살고 있지 않다는 사실을 암시하면서 "이곳이 처음인데, ○○백화점 어떻게 가죠?"라고 물어 보았을 때와 사투리나 지방 액센트를 써 가면서 물어보았을 때 응답자가 사용한 어휘의 수를 비교해 보았다. 그 결과 도시에 살지 않는 낯선 사람이라고 밝혔을 때 응답자가 더 많은 어휘를 사용하여 백화점 가는 길을 가르쳐 주었다고 한다. 또한 동일 지역 사람이 아니라고 응답자가 판단했을 때 길거리나 장소 이름을 더 자세히 언급하면서 길을 설명하였다고 한다. 청자의 지식에 맞게 메시지를 구성하는 청자 지향적 관점의 말하기 양상을 보이는 것이다.

사대상은 서울에 있는 대학에 다니는 20대 남자 30명과 여자 30명으로 무작위 표본을 선택하였다. 점원이 어떤 어휘를 사용할 때 고객이 좀더 편안함을 느끼고 구매의욕을 느끼는지에 대해 알아보기 위한 것이었다.
그 결과 '이것은 떨어지지 않아요'처럼 부정어를 사용하는 표현보다 '이것은 1년을 입어도 새 것처럼 보여요'라고 긍정적인 언어 표현으로 제품을 설명할 때 구매의욕이 있는 것으로 청자는 반응을 드러냈다. 부정적으로 묻는 질문과 긍정적으로 묻는 질문에서도 '마음에 안 드십니까?'보다는 '꼭 마음에 드시죠?'라는 표현에 고객의 선호도가 높았다. 긍정적 질문이나 긍정적 표현이 청자의 긍정적인 반응을 유발할 수 있다는 결과를 보여준 사례라 할 수 있다.
'① 역시 눈이 높으시네요, ② 정말 잘 어울리시네요, ③ 이 옷의 품질은 확실해요, ④ 이것이면 올 겨울 걱정은 안 하셔도 됩니다, ⑤ 이거 입으면 정말 날씬해 보여요, ⑥ 이 제품 좋긴한데 가격이 비싸서 웬만한 사람은 사기가 힘들어요' 등 6가지 예문을 제시하고 구매를 하고 싶게 만드는 말에 순위를 매겨달라는 항목에서는 남녀 모두 '정말 잘 어울리시네요'를 1순위로, '이 옷의 품질이 확실해요'를 2순위로 선택하였다. 청개구리 심보라 하여 구매자의 심리를 자극하여 구매를 하도록 부추긴다는 '이 제품 좋긴한데 가격이 비싸서 웬만한 사람은 사기가 힘들어요'라는 예문은 가장 듣기 싫은 말로 뽑았다. 같은 말이라도 어투와 어감에 따라 많은 차이를 보일 것이다. 그러나 서면(書面)을 통한 설문조사였기 때문에 이 부분에 대한 조사는 이루어지지 않았다(권순희, 2004: 69-93).

준언어적 요인으로는 목소리의 크기, 강세, 억양, 음질, 속도, 쉼 등을 포함하는 것이다. 한 예로 같은 말이라도 청자의 억양에 따라 의미가 달라진다는 것은 주지의 사실이다. 임홍빈(1993)[10]에서는 여러 가지 경우의 대답으로 "그래./?"가 가질 수 있는 억양을 제시하고 있다. 청자의 반응이 여러 가지 억양에 따라 달리 나타남을 보이고 있는 것이다.

▌예 2-1▌

가 : (음악을 듣고 있는 사람에게 호감을 가지고) 네가 좋아하는 '음악이 이거니?'
(다정히) 그래.
나 : (상대에게 따지듯이) 너 정말 이럴 거야?
(반감을 가지고) 그래.
다 : 그 시원찮은 사람이 영전하여 서울로 올라간대.
(다소 놀라며) 그래?
라 : 네가 후원을 기대하는 그 사장이 암에 걸렸대.
(많이 놀라며) 그래?
마 : 그 사람이 네 돈을 떼어먹겠다더라.
(당치도 않다는 느낌을 가지고) 그래?

위와 같은 "그래./?"가 나타나는 다양한 태도적 의미를 억양의 그림으로 보이면 다음과 같다.

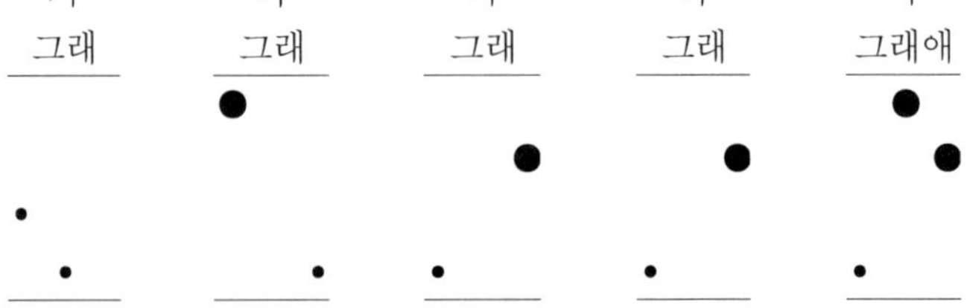

10) 억양에서 화자의 다양한 태도적 의미를 찾을 수 있다고 언급하고 있는 논문이다. 그러나 본고에서는 제1차 화자에 대한 청자의 반응 차원으로 보아 화자 대신 청자라는 용어로 이론을 설명하겠다.

이렇게 동일한 언어 표현도 준언어적 요인인 억양에 의해서 말의 의미는 달라질 수 있다. 임홍빈(1993)에서는 위에서 제시한 다양한 반응에 따른 후속 반응을 살펴보지 않았다. 그러나 후속 반응을 살펴본다면 그 후속 반응은 청자의 억양이 대화를 다양하게 이끌어 나가는 데 큰 역할을 하리라는 것을 입증해 줄 것이다.

그밖에도 준언어적 요인으로 음량, 음색의 예를 들 수 있다. 다음은 두 사람의 전화내용이다.

▌예 2-2▐

A : 안녕하세요? 박○○입니다.
B : 예, 안녕하세요?
A : 논문은 어떻게 잘 돼 갑니까?
B : (전화 받기 전 피곤한 일 때문인지 활력이 없는 말투) 아뇨, 그럭저럭.
A : 왜 그렇게 힘이 없어요?
너무 실망하지 말고 조금만 더 보충하세요. (한참동안 위로의 말을 한다.)
…(중략)… 그건 그렇고 다름이 아니라 …(용건을 말한다)…

(2001년 2월말 박○○교수와 박사 과정 학생과의 전화내용 중에서)

A는 B에게 뭔가를 말할 목적으로 B에게 전화를 했다. A는 자신이 의도한 내용을 말하기 전에 청자인 B의 목소리 크기가 평소보다 작고 톤이 가라앉아 힘없는 목소리임을 감지하고 한참동안 위로와 격려의 말을 한다. 이와 같이 상대의 목소리는 상대의 감정을 나타내는 '신호판'(구현정, 1997: 37) 역할을 한다. 그 결과 상대의 음량, 음색에 따라 반응하는 화제가 달라지기도 한다.

비언어적 요인 중의 하나인 제스처로 청자 지향적 관점을 반영하는 연구 사례도 있다. 의사소통 연구자 바벨라(Bavelas) 외 3인(Stewart & Logan, 1998: 91)이 상호 작용적 제스처를 연구하였는데 어떤 제스처는 대화의 내용과 관련이 있는 것이 아니라 의사소통을 하는 대화 참가자들 사이의 관계와 관련이 있다고 한다. 상호 작용적 제스처는 청자를 포함하고 사회적 시스템으로서의 대화를 유지하는 행위이다. 비언어적인 요인 중 하나인 제스처조차도 청자를 포함하고 사회적 시스템으로서의 대화를 유지하는 데 기여한다.

비언어적 요인 중 하나인 대화자들 상호간의 거리(距離)[11]가 화자와 청자의 관계를 반영하는 경우도 있다. 평소 친한 관계에 있는 사람들은 사무적인 대화를 할 때에도 그렇지 않은 관계에 있는 사람들과 사무적인 대화를 할 때보다 더 가까운 거리에서 대화를 한다. 또한 친한 사람끼리 개인적인 얘기를 할 때와 사무적인 관계에 있는 사람끼리 사무적인 얘기를 할 때의 거리를 비교해 보면 전자가 후자보다 가까운 거리에서 대화가 이루어짐을 알 수 있다. 친한 관계가 아닌 사람이 친한 사람처럼 너무 자신에게 가까이 접근할 때 부담감이 느껴져 거리를 넓히려고 움직이게 되는 경우가 이를 뒷받침해주고 있다. 물건을 판매하는 사람이 손님에게 가까이 접근하여 구매를 강요할 때 느끼는 부담감도 거리에서 발생하게 되는 부담인 경우이다.

둘째, 사회 문화적 측면의 요인인 사회적 지위, 성별, 연령, 가치관 등으로 화자와 청자의 상호 작용이 달라질 수 있다. 언어와 성에 대한 연구는 사회언어학에서 주로 이루어졌다(Lakoff, 1975; Tannen, 1990; 송경숙, 1996; 민현식, 1997; 구현정, 1997 등). 문화라는 개념을 연구의 주요 요소로 인식하여, 남성과 여성간의 언어 사용상의 차이점을 상이한 문화적 배경의 결과로 간주하여 왔다. 성별에 따라 화자와 청자의 상호 작용의 양상이 달라질 수 있음을 보이는 연구 결과이다. 또한 부모와 자녀와의 대화처럼 연령에 따른 화자와 청자의 상호 작용 양상을 설명한 경우(구현정,

11) Stewart & Logan(1998)에 의하면, 남자들끼리 이야기 할 때보다 여자들끼리 이야기 할 때 더 가까이 앉거나 서서 이야기하고, 남자들끼리 이야기하는 것보다는 여자와 남자가 섞여 이야기 할 때 더 가까운 거리를 택하게 된다고 밝히고 있다(남자와 남자의 대화시 거리>남자와 여자의 대화시 거리>여자와 여자의 대화시 거리).

1997; 임철일 외 역, 1999)도 있다. 부모와 자녀간의 대화 양상을 부모의 학력이나 부모의 사회, 경제적 수준에 따라 명령적, 지위 지향적 대화 형태를 유지하느냐, 인간 관계 지향적 대화 형태를 유지하느냐로 분석한 경우(차경애, 1997)도 있다.

셋째, 시대적인 측면의 요인인 전통적인 화법과 현대적 화법에서 드러나는 화자와 청자의 상호 작용에 관한 논의를 살펴볼 수 있다. 말하기를 인격 수양과 인간 관계를 비롯한 삶의 효용성이란 관점에서 접근한 우리의 전통적인 말 문화는, 말을 통한 논리적 메시지의 전달보다 말을 통한 자기 수양과 대인 관계 및 사회 질서의 유지를 더욱 강조하였다. 따라서 말을 따져 하는 것보다 말을 삼갈 줄 아는 것이 중요하다고 여겼고, 내 주장을 내세우기보다 그것이 타인과의 관계에 미치는 영향을 먼저 생각하게 하였다(이창덕 외, 2000: 68).

동양의 고전이라 할 수 있는 논어와 젊은이의 교육서라 할 수 있는 소학에서는 말을 삼갈 것을 강조하는 말하기 지침을 제시하고 있다. 논어와 소학에 나타난 말하기에 대한 언급 중 대화 상대인 청자를 고려한 말하기 태도를 강조한 내용으로는 다음과 같은 것들이 있다.

첫째, 말을 많이 하지 말고 삼갈 것을 권유하고 있다.

> 네게 훈계하노니, 말을 많이 하지 말라. 말 많음은 사람이 싫어하는 것. 진실로 추기(樞機)를 삼가지 않으면 재약(災厄)이 이로부터 시작된다. 옳으니 그르니 하며 헐뜯고 가리는 것은 몸에 허물이 되기에 알맞은 것이다.(嘉言 10: 戒爾勿多言 多言衆所忌 苟不愼樞機 災厄從此始 是非毁譽間 適足爲身累)
>
> (이기석 역, 1999: 231)

예(禮)와 절제를 중시하는 동양적인 사고가 드러나는 대목이다. 시비를 따지는 토론을 중요시 여기는 서양 문화와는 거리가 있다. 인간 관계를 유지하는데 도움이 되는 말을 올바르게 부려쓰는 방법에 대한 고

민보다는 말의 절제를 지나치게 강조하고 있음을 알 수 있다.

둘째, 청자의 상하 관계 여부에 따른 말하기 태도를 논의하고 있다.

> 공자께서 조정에 나가셔서 하대부와 말씀하실 때에는 강직한 모습이었으며, 상대부와 말씀하실 때에는 온순한 듯하셨으나 정리(正理)는 논쟁하시었다. 그리고 임금이 계신 앞에서는 공경하는 중에도 위의를 갖춘 듯 하셨다.(鄕黨 2 : 朝 與下大夫言 侃侃如也 與上大夫言 誾誾如也 君在 踧踖如也 與與如也)
>
> (이가원 감수, 2000: 207)

청자의 지위 고하에 따라 화자의 말하는 태도가 다름을 시사하는 문구이다. 상하 관계의 위계를 중시하는 동양적인 사고 방식에서는 말을 할 때, 청자의 지위 고하도 중요한 고려 대상이 되었다. 이는 유대 관계보다는 힘(power)의 요인을 태도 결정의 주요 인자로 받아들이는 동양의 문화를 보여준다. 이런 점에서 아랫사람에게 말을 할 때에는 엄격하게 하고 윗사람에게 말을 할 때에는 부드럽고 공손하게 할 것을 권고하는 표본으로 공자의 말하기 태도를 언급하고 있다.

셋째, 말이 인간 관계에 미치는 영향을 지적하면서 지혜 있는 사람이 되어야 함을 강조하고 있다.

> 공자께서 말씀하시길 "더불어 말할 사람인데도 함께 더불어 말하지 않으면 사람을 잃고, 더불어 말할 수 없는데도 함께 더불어 말하면 말을 잃는 것이 된다. 지자는 사람도 잃지 않고 말도 잃지 않는다"
> (衛靈公 7 : 子曰 可與言而不與之言 失人 不可與言而 與之言 失言 知者 不失人 亦不失言)
>
> (이가원 감수, 2000: 348)

위 문구는 청자에 따라 말을 할 것인지 말 것인지 여부를 결정하라는 말로 풀이하기보다는 청자를 고려하여 적절한 말을 하여야 바른 인간 관계를 유지할 수 있으며 이것이 지혜 있는 행동이라는 뜻으로 풀이해야 할 것이다.

넷째, 말하기에서 말의 순서를 잘 지킬 것과 적절할 때 말을 하고 청자의 얼굴 표정을 살펴야 한다고 말하는 방법을 언급하고 있다.

> 공자께서 말씀하시길 "군자를 모실 때의 세 가지의 과실이 있다. 말이 미치기도 전에 먼저 말을 꺼내는 것은 조급함이요, 말이 미쳤는데도 말을 하지 않음은 숨김이요, 안색을 살피지 않고 말함은 눈치가 없는 것이니라"(季氏 6 : 孔子曰 侍於君子 有三愆 言未及之而言 謂之躁 言及之而不言 謂之隱 未見顔色而言 謂之瞽)
>
> (이가원 감수, 2000: 377)

남이 묻기도 전에 불쑥 말을 꺼내고, 또 묻는 말에는 대답을 않고, 필요치도 않은 말들을 자기 기분 내키는 대로 마구 떠벌리는 것 등은 대인 관계에 있어서도 꼭 삼갈 일이라고 밝히고 있다. 대화의 순서를 적절히 지킬 것과 비언어적인 요인을 고려해야 함을 밝히고 있는 문구이다.

논어와 소학에 나타난 말하기 태도에 대한 언급은 양적인 면에서 매우 적다. 그리고 그 내용도 오히려 말을 삼갈 것을 언급하는 부분이 다수를 차지한다. 동양 고전에서는 말을 예(禮)라는 행위와 별개의 것으로 언급하는 일이 없다. 예(禮)를 지키기 위해서는 갈등의 요인이 될 수 있는 말을 처음부터 삼가는 쪽으로 논의를 하고 있다. 그러나 말을 삼가는 것만이 세상을 살아가는 우리들이 선택해야 할 최선의 화법이라고 하기는 곤란하다. 말의 절제보다는 말을 잘 부려쓰는 방법을 택하여 실천하는 것이 보다 자유롭고 자연스러운 일이기 때문이다.

다음으로 속담에 나타난 전통적인 화법을 살펴보겠다. 속담에 나타난 말하기에 관한 부분은 민간의 일상적인 말하기 전통을 알 수 있게 해준다. 속담은 일상적인 삶의 방식을 그 속에 내포하고 있고 속담은 민간인의 지혜를 그 속에 담고 있기 때문이다. 서혁(1994)에서는 이기문(1986)

에 실린 속담들 가운데 말하기와 관련된 속담을 선별하여 말하기를 긍정적인 관점[12)]으로 본 속담과 부정적인 관점[13)]으로 본 속담을 비교하고 있다. 그 결과 국어 속담에 나타난 부정적인 관점은 전체의 66%에 달한다고 한다. 우리나라 속담에서는 말을 많이 하지 말고, 신중하게 말하고 들을 것을 강조하고 있다. 인구 밀도가 높고 이주가 적은 농업 중심의 사회라는 특성이 말을 조심하고 삼갈 것을 강조하는 속담이 많아지게 한 것으로 보인다.

속담 중에서 대화 상대인 청자를 고려한 말하기의 태도를 언급한 것을 소개하면 다음과 같다.

> 남의 흉이 한 가지면 제 흉이 열 가지/ 내 속 짚어 남의 말 한다/ 똥 묻은 개가 겨 묻은 개를 나무란다/ 못할 말 하면 제 자손에 앙얼 간다/ 소경보고 눈 멀었다 하면 노여워한다
>
> (이기문, 1986)

청자를 긍정적으로 말하지 않을 경우나 청자에게 불리한 얘기를 할 경우에는 피해가 자신에게 돌아온다는 내용의 속담이다. 또 남의 단점을 이야기하기 전에 먼저 자신의 처지를 살피도록 권고하고 있는 속담이라고 풀이할 수 있다.

다음에 제시한 속담에서는, 대화는 청자와의 상호 작용임을 강조하고 있다.

---

12) 대표적인 속담은 다음과 같다.
거짓말도 잘 하면 오려 논 닷마지기보다 낫다/ 고기는 씹어야 맛이 나고, 말은 해야 시원하다/ 고기는 씹어야 맛이 나고, 말은 해야 맛이다/ 말 잘 하고 징역 가랴/ 말 한 마디에 천냥 빚 갚는다/ 말로 공을 갚는다/ 말이 고마우면 비지 사러 갔다 두부 사 온다/ 일 잘하는 아들 낳지 말고 말 잘하는 아들 낳아라 등

13) 대표적인 속담은 다음과 같다.
가루는 칠수록 고와지고 말은 할수록 거칠어진다/ 계수번(界首番 : 계수 주인이라고도 하며 옛날 서울에 있어 각도의 감영의 일을 보던 관원)을 다녔나 말도 잘 만든다/ 말 단 집에 장이 곤다/ 말이 앞서지 일이 앞서는 사람 본 일이 없다/ 장 단 집에는 가도 말 단 집에는 가지 마라 등

> 가는 말이 고와야 오는 말이 곱다/ 가는 방망이 오는 홍두깨/ 제게서 나온 말이 다시 제게로 간다

대화의 상호 작용 행위를 강조하는 속담 역시 청자를 고려하는 것이 자신에게 이득이 되는 것임을 드러내고 있다.

고문헌과 속담을 통해 살펴본 우리의 문화적 전통에서는 화자가 말을 삼가고 청자를 고려하여 말하도록 한다. 이와 같은 문화적 전통의 영향으로 가정에서나 학교에서 한국인은 말을 삼갈 것을 교육받아 왔다. 학교 교육 현장에서 자유로운 발표가 어려운 것도 이러한 사고 방식에 기인한다. 말을 하지 않으면 그만큼 실수할 확률도 적은 것이 사실이다. 그러나 그 실수를 줄이려고 말을 삼가도록 하는 것은 올바른 교육 방법이 될 수 없다. 말을 삼가는 방법이 아니라 청자를 고려하여 말하는 방법을 찾아내고 이를 가르치는 쪽을 택해야 할 것이다.

지금까지 화자와 청자의 의사소통적 지위를 언어적, 준언어적, 비언어적, 사회적, 문화적, 시대적 요인 측면에서 살펴보았는데 이는 외부 요인에 따른 화자와 청자의 관계를 파악한 것이다. 그밖에 화자와 청자의 관계를 심리적 내부 요인과 연관하여 살펴볼 수 있다. 화자와 청자의 태도 변화를 내부 요인과 관련하여 살펴본다면 태도 선택의 근본적인 해결책을 제시해 줄 수 있다. 이를 설명하기 위해 다음 절에서는 사회 심리학적인 방법으로 화자와 청자의 의사소통적 지위를 살핀 후 자아와 정체성의 개념으로 화자와 청자의 관계를 설명하는 '정체성 구성하기'를 논의하겠다.

2.2 정체성 구성하기와 태도의 관계

2.2.1 정체성 구성하기 개념

화자의 청자에 대한 태도를 정체성 구성하기로 설명하기에 앞서 정체성의 개념과 유사한 자아의 개념을 먼저 살펴볼 필요가 있다. 자아와 정체성을 혼용하는 경향이 있기 때문이다.

자아 개념에 대한 논쟁 중 하나는 자아 개념에 대한 개인 특성과 상황, 환경, 중요 타인들의 영향에 관한 것이다. 상황이나 환경 또는 타인의 영향을 선택하는 것이 예정되어 있다고 주장하는 사람들이 있는가 하면, 상황이나 환경 또는 타인의 영향을 개인이 자유롭게 선택한다고 주장하는 사람들도 있다. 철학적으로 보면 이 두 견해는 고전적인 결정주의 대 자유의지 논쟁을 불러일으킨다. 심리학에서는, 두 개의 극단을 기계론적인 관점과 구성주의적인 관점으로 명명하였다(송인섭, 1998: 120). 기계론적인 관점에서는 행동의 조직과 통제는 환경에 의해 중재되는 것이지 개인에 의해서 조정되는 것은 아니라고 본다. 이 모형에 의하면 자아 개념은 외부 영향들에 대한 반응이다. 행동주의학자들, 미드(Mead), 쿨리(Cooley) 등의 참조집단 이론가들과 고프만(Goffman)이 동의했던 관점이다. 구성주의자들의 관점에서는 개개인이 능동적으로 환경을 해석하며, 개개인의 행위들이 환경에 의해 영향을 받을 뿐만 아니라 환경에 영향을 주고 환경을 조직한다고 본다. 이 관점은 로저(Rogers, 1951), 켈리(Kelly, 1955), 피아제(Piaget, 1973)에 의해 제안되었다(송인섭, 1998: 120).

자아를 스스로 조절할 수 없는 어떤 것이라고 본다거나 인간의 자유의지를 약화시키는 관점에서는 기계론적인 관점이 그 타당성을 인정받는다. 그러나 자아를 상황, 환경, 타인의 영향 아래 끊임없이 조절 가능한 실체로 이해한다거나 개인의 노력으로 변화시킬 수 있는 실체로 이해한다면 구성주의적인 관점이 그 타당성을 인정받는다. 본고에서는 기계론적인 관점보다는 능동적으로 환경에 반응하고 환경에 영향을 주고 환경을 조직한다는 구성주의적인 관점에 힘을 두어 자아, 정체성, 정체성 구성하기를 논의할 것이다. 왜냐하면 환경의 자극을 변형시켜, 말하기 능력을 획득하고 말하기 능력을 계획적으로 변화시킨다는 말하기 교육의 학습 이론이 구성주의적인 관점과 맥을 같이하기 때문이다.

자아 개념으로 의사소통 양상을 설명한 이론으로 교류 분석을 들 수 있다. 교류 분석(Transactional Analysis)은 1960년대 초, 의사소통을 검토하는 방법의 하나로 번(Berne, 1961)에 의해 소개되었다. 번(Berne)은 모든 인간은 세 가지의 자아 상태를 가지고 있다고 주장하였는데, 부모, 성인(成人), 아이의 상태가 그것이다(임칠일 외, 1999: 135).

자신의 내부에 있는 부모는 자신에게 부여했던 규율, 도덕적 금언, 행동에 대한 지시 등이 모두 모여 이루어진 것이다. 부모의 위치에서 이야기를 하는지 여부를 구별해 낼 수 있는 것은 '항상, 결코, 그만해라, 하지 마라' 등의 단어들이 주로 사용되느냐, 명령과 가치 판단으로 가득 차 있느냐에 따라 결정이 된다. 이러한 표현들을 사용했다면 부모의 위치에서 이야기한다고 할 수 있다.

자신의 내부에 있는 아이는 새로운 세계에 대해 알고 싶고, 느끼고 싶고, 만지고 싶고, 경험하고 싶은 욕망으로 가득 차 있다. 아이는 자신의 일부로서 자신의 감정 즉 매력, 사랑, 기쁨, 공포, 성냄, 그리고 혼란스러운 성장 과정에서 부수적으로 생기는 올바르지 않다는 느낌 등이 존재하는 곳에 있다. 아이의 위치에서 의사소통을 할 때에는 보통 방대한 에너지 예를 들면 눈물, 삐침, 짜증 그리고 흐느낌 등이 나타난다.

사람들의 내부에는 아이의 강렬한 느낌이나 욕구를 조절하고 부모의 규율이나 명령 사이의 긴장을 조절해야 하는 부분이 있는데, 이것이 바로 성인(成人)이다. 우리 안의 성인은 내부와 외부에 무슨 일이 발생하고 있는지를 계속 인식한다. 성인은 결단을 내려야 한다. 그러기 위해서 외부 세계의 조건을 검토하고 이후에 발생할 결과를 예상한다. 내부에서는 부모님의 말을 경청하면서 아이의 요구와 반응에 주의를 기울인다. 성인의 입장에서 하는 대화는 직접적이고 솔직하다. 성인은 설명을 하고, 질문을 하고, 가능성을 평가하고, 알려진 것과 알려지지 않은 것, 진실된 것과 거짓된 것을 모두 검토한다. 성인은 판단이나 믿음보다는 의견을 갖는다(임철일 외, 1999: 136-139).

이와 같이 번(Berne)은 자아의 유형을 세 가지로 구별하고 이에 따라 의사소통 방식이 크게 달라진다고 보고 있다. 번(Berne)의 이론에 따르면, 청자를 고려한 관점을 취하는 것은 '성인의 자아'로 의사소통을 할 때 가능하고, '아이의 자아'로 의사소통을 할 때는 어렵다고 볼 수 있다.

번(Berne)은 화자 내부의 요인을 검토하여 대화의 유형을 나누어 보고자 노력하였다. 자아의 유형에 따라 성인 대 성인인 의사소통이나 부모 대 부모, 아이 대 아이의 의사소통은 똑같은 자아의 상태에서 메시지를 보내거나 받는 것을 의미하는 상호지지 교류(complimentary transactions)로 언급하고 있다. 또한 두 개 이상의 자아 상태가 동시에 개입하는 것으로 이면 교류(ulterior transactions)를 설명하고 있다. 그밖에도 교차 교류(crossed transactions)라 하여 자아 상태가 일치하지 않는 경우를 들고 있다. 부모 대 아이의 자아로 대화를 하려는 사람과 성인 대 성인의 자아로 대화를 하려는 사람은 가끔씩 서로간의 의사소통상의 갈등[14]이나 분쟁이 존재하기도 하는 것이다. 이를 그림으로 나타내면 다음과 같다.

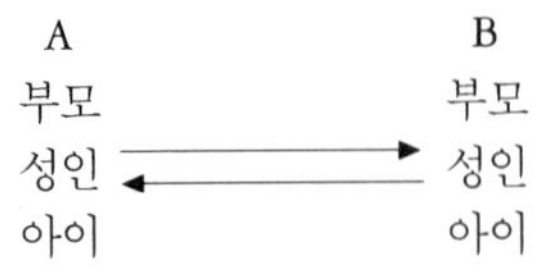

[유형 1 : 상호지지 교류의 예]

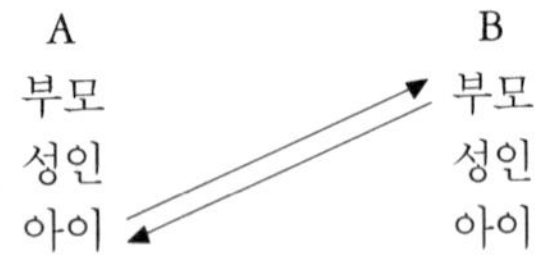

[유형 2 : 상호지지 교류의 예]

14) 태넌(Tannen)은 의사소통의 갈등은 문화적 배경이 다른 대화 참여자들의 대화 양식의 차이에 기인한다고 본다. 이를 극복하기 위해서는 대화 상대를 이해하는 입각점(footing)의 활용이나 대화 구도를 바꾸는 적극적인 변화가 필요하다고 보고 있다(이용대 역, 1992: 133-138).

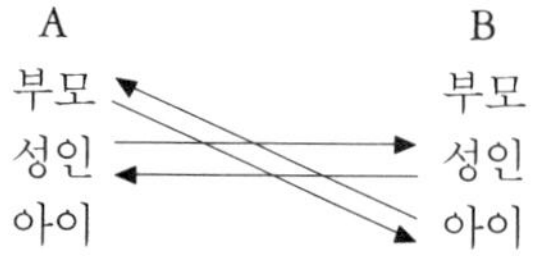

[유형 3 : 이면 교류의 예]

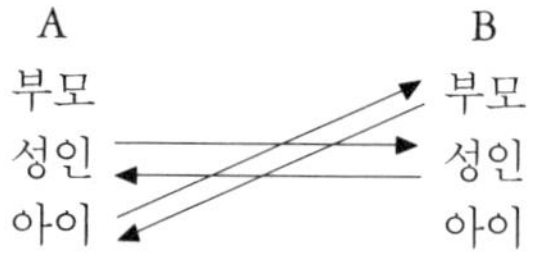

[유형 4 : 이면 교류의 예]

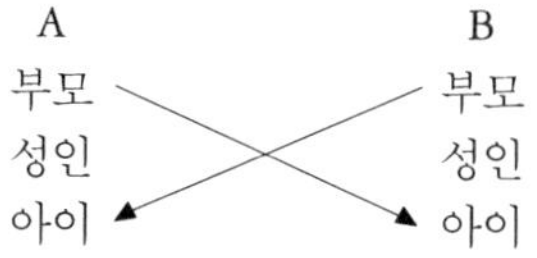

[유형 5 : 교차 교류의 예]

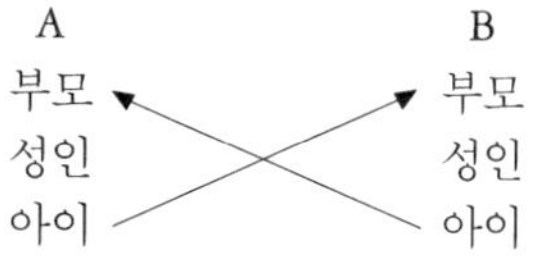

[유형 6 : 교차 교류의 예]

유형 1은 A와 B가 성인 대 성인 자아로 의사소통을 하는 경우이고 유형 2는 A와 B가 아이 대 부모 자아로 의사소통을 하고 있는 경우이다. 유형 1과 2는 상호지지 교류의 예에 속한다. 유형 3과 유형 4는 A와 B가 부모와 아이의 자아로 의사소통을 할 때도 있고 성인 대 성인의 자아로 의사소통을 할 때도 있어 상호지지 교류의 두 측면이 나타나는 이면 교류의 예에 속한다. 유형 5는 A가 B에 대해 부모 자아로 아이 자아를 대하듯 의사소통을 하고, B가 A에 대해 부모 자아로 아이 자아를 대하듯 의사소통을 하여 갈등의 여지가 있는 교차 교류의 예이다. 유형 6은 유형 5와 반대의 경우에 속하는 것으로 교차 교류의 예이다.

번(Berne)은 자아의 개념으로 화자와 청자의 의사소통을 설명하고 있으나 개인의 자아 문제로만 바라보는 한계를 극복하지 못하고 있다. 청자의 반응에 따라 화자의 자아가 바뀔 수 있음을 간과하고 있는 것이다. 화자와 청자의 상호 관계에 의해 자아가 바뀔 수 있으며 또한 개인적 반응, 사회적 반응과 문화적 반응에 따라 자아가 바뀔 수 있다.

번(Berne)이 보여준 자아 유형이 개인의 내적인 문제로만 바라보는 자아 유형이라고 한다면 이창덕 외(2000: 153)에서 제시하고 있는 루프트(Luft)의 '조하리의 창(Johari window)'으로 설명되고 있는 자아 유형은 화자와 청자의 상호 영향성을 염두에 둔 자아의 유형이라 할 수 있다. '조하리의 창'은 다른 사람과 내가 아는 '열린 자아', 다른 사람은 아는데 나는 모르는 '가려진 자아', 나는 알지만 다른 사람은 모르는 '숨겨진 자아', 나도 다른 사람도 모르는 '미지의 자아'로 구성되어 있다. 자아의 유형을 개인의 내적인 문제로만 보지 않고 화자와 청자의 상호 영향을 고려한 '조하리의 창' 이론은 진일보한 면이 있다. 그러나 사회적 영향이나 문화적 영향에 대한 고려는 없어 사회적, 문화적 관계 속에서 자기 세계를 살펴야 할 이론의 여지를 남겨두고 있다.

'교류 분석'이나 '조하리의 창'에서 제시하는 자아의 개념에 개인의 내적인 문제, 사회적, 문화적 환경과 그 관계 속에서 자기 세계를 복합적으로 이해한다는 의미를 추가하여 '정체성[15)]'이라는 개념을 쓰고자 한다. 또 화자와 청자 상호 영향성을 주목하여 관계를 맺어가고 관계를 형성해 가는 의미로 '구성하기'라는 용어를 명명하고자 한다.

먼저 정체성에 대해 살펴보겠다. 정체성을 정적이며 확증할 수 있으며 확실하게 굳어진 것으로 인식하는 사람들도 있다. 서구 세계에서 프로이드의 영향을 받은 심리학자들은, 내적 긴장을 표출하고 있는 개인적 자아들로 사회가 구성된다고 여겼다. 예를 들면 한 학생이 대학 경영자에게 항의하는 것은 자신의 아버지와 해결하지 못한 갈등의 표출이라고 프로이드 학파는 해석하였다. 학생이 항의하는 문제의 실질적인 근원은 내적 갈등 때문이라고 풀이하였다. 프로이드의 영향을 받은 심리학자들은 정체성을 개인적이며 내적인 것으로 보고 있다. 그러나 인간은 사회 속에서 영향을 주고받으며 살고 있기 때문에 정체성을 개인적이며 내적인 것으로 보려는 견해는 한계에 부딪히게 된다.

정체성을 개인적이고 내적인 것으로 보려던 견해는 문화 인류학자들의 노력으로 다소 극복되고 있다. 한 개인에 대한 정체성을 문화와 집단 구성원들의 작용으로 설명하려는 시도가 그것이다. 예를 들면 우리

---

15) 심리학에서 논의되는 자아(selves)는 정체성(identities)이라는 개념과 간혹 동일한 것으로 사용되기도 한다. 그러나 자아라는 용어는 개인적인 특성에 중점이 있고 정체성이라는 개념은 사회적 관계 속에서 자기 세계라는 특성을 지니고 있다. 본고에서는 이를 구별하여 사용하겠다.

나라 사람들은 가족, 이웃 사람, 친척, 친구나 직장 동료 등의 관점에서 개인을 보려고 하는 속성이 있다. 우리나라 문화에서는 "남이 보는데 어떻게…"나 "남이 뭐라고 할까봐…" 등의 말을 많이 하는 것을 보아도 개인의 정체성을 집단 속에서 파악함을 알 수 있다. 스튜워트와 로건(Stewart & Logan, 1998)에서는 미국, 캐나다, 호주, 영국 등의 문화권에서는 개인적인 자아에 대한 강한 신념이 보이지만, 스페인, 오스트리아, 핀란드 등 유럽 국가와 대부분의 아시아, 라틴 아메리카 문화권에서는 정체성을 사회적, 관계적, 집합적인 것으로 이해하고 있다고 논의하고 있다.

기억과 같이 개인적인 행동으로 보이는 것조차 개인적인 것이라기보다 사회적이라는 것이 입증되고 있다. 예를 들어, 어린 시절에 중대한 사건을 기억해 보라고 부탁을 받았을 때, 어떻게 응답할 것인지 생각해 보자. "정체성"을 형체가 완성되어 있는 그릇 정도로 생각한다면, 기억 저장소에 저장되어 있는 기억을 끄집어내려고 할 것이다. 그러나 우리는 그 질문을 누가 했으며, 어떤 상황에서 질문을 받았느냐에 따라 어린 시절에 대한 기억을 달리 답변하게 될 것이다. 예를 들어 질문한 사람이 취업 면접관이냐, 상담자냐, 정신과 의사냐에 따라 달리 답변할 것이다. 여섯 명의 직장 동료들과 함께 있을 때나 가장 친한 친구와 단둘이 있을 때에 동일한 사건을 회상하여 답변하지는 않을 것이다. 삼슨(Sampson, 1993)에서 결론 내린 것과 같이 기억은 "단순히 과거의 흔적을 끌어낸다거나 전적으로 개인 내부에 위치해 있는 것이 아니다. 사람 내부에 있다기보다는 오히려 사람과 맥락 등을 포함하여 그 외 여러 요소들간의 역동적인 과정 속에 존재하는 그 어떤 것"이다.

요약하면, 정체성이 개인적인 그릇이라는 생각은 요즈음 바뀌고 있다. 커뮤니케이션 학자들과 심리학자들이, 정체성은 다른 사람들과의 의사소통 관계에서 발전하며, 드러나게 된다는 것을 인식하게 되면서 정체성이 개인적인 그릇이라는 생각은 수정되고 있다. 정체성은 우리가 접하는 사람들과 제도에 따라 다원적이며 변화 가능한 것으로 인식하게 되었다. 이는 다양한 정체성이 공존할 수 있으며, 다양한 정체성을 인식해야 한다는 가능성을 암시한다.

다음으로 '정체성 구성하기'에 대해 살펴보겠다. 화자는 청자와 상호적인 관계를 유지하면서 이야기를 하게 된다. 이 과정에서 서로의 세계를 구성하게 된다. 화자는 청자와 어떤 관계에 있으며 자신의 사회적인 관계 속에서 어떤 위치와 자세로 임하여야 하는지를 파악하게 된다. 이와 같이 사회 구성원으로서 자신의 입장을 알아가고 대화 상대방을 알아 가는 과정과 현상이 '정체성 구성하기'이다.

'정체성 구성하기(identities construction)' 대신에 '정체성 협상하기[16](identities negotiation)'라는 용어도 자주 쓰인다. 그러나 협상(negotiation)은 승(winning), 패(losing), 최종적인 타협안과 같이 일정한 종착점을 지향하는 과정을 의미하는 것처럼 느껴진다. 그래서 '정체성 협상하기'라는 용어는 다소 오해의 소지가 있기 때문에 '정체성 구성하기'라는 용어를 쓰고자 한다. '정체성 구성하기'는 정체성을 형성해가면서 보다 발전된 정체성을 이루어간다는 의미를 강조하기 위해서 선택된 것이다.

스튜워트와 로건(Stewart & Logan, 1998: 120)은 정체성 구성(identities construction) 과정을 다음과 같이 인식하는 것이 중요하다고 언급하고 있다.

> 정체성 구성하기는 협력적이며, 이러한 이유로 그 결과는 정해져 있거나 정적이지 않다. 그것은 반응(reaction)과 응답(response)으로 구성된다. 반응(reaction)과 응답(response)은 대화자들이 주고받는 대화 속에서 나타난다. 사람들은 자신들이 정체성을 구성해 가고 있다는 사실을 깨닫기도 하고 그렇지 않기도 한다.

이를 토대로 정체성 구성하기의 특성을 살펴보겠다. '정체성 구성하기'는 첫째, 협력적인(collaborative) 특성이 있다. 혼자서 정체성 구성을 할 수 없고 정체성을 구성하기 위해서는 적어도 둘 이상의 사람이 필요하다.

---

16) 스튜워트와 로건(Stewart & Logan, 1998)에서 언급한 것을 차용한 것임.

그러나 '협력적'이라는 말은 '동의(agree)'를 의미하는 것이 아니라 단지 '그 일을 함께 한다'는 의미이다. 대화에서 화자와 청자가 의견을 달리하는 경우나 동문서답, 침묵으로 반응하는 경우처럼 비협력적 대화 행위처럼 보이는 경우에도 정체성 구성 과정은 이루어진다. 대화 참여자들은 의견이 다르더라도 대화를 진행하는 방향으로 이동한다는 점에서는 협력적일 수 있다. 갈등이 있어 화자와 청자가 서로 분쟁을 하는 경우에도 대화의 일반적인 규칙을 따른다는 면에서는 협력적일 수 있다. 대화가 순조롭게 이루어지거나 대화에서 갈등이 일어나는 경우에도 정체성 구성을 위한 협력적인 과정은 이루어지는 것이다. 정체성 구성 과정이 협력적인 과정이라는 사실은 혼자서 통제할 수 없다는 것을 의미한다. 청자의 응답은 단지 이러한 과정의 절반을 구성할 뿐이다.

둘째, 정체성 구성 과정의 결과를 예측하기란 거의 불가능하다. 친분 관계가 두터워 잘 아는 상대와 대화를 할 때, 화자는 자신의 말에 상대방이 어떤 반응을 할지 어느 정도의 예측이 가능하기도 하다. 그러나 정상적으로 반응하지 않거나, 청자가 전적으로 "예."라고 말할 것으로 믿고 있었는데, "아니오."라고 말함으로써 예측을 벗어나는 경우도 많다. 화자는 청자가 어떻게 반응하게 될지 확인하기 위해 확정적이지 않은 기대를 해야 한다. 정체성 구성 과정은 협력적이므로, 이러한 결과는 대화 참여자들의 반응에 서로 영향을 미치는 특성이 있다. 또한 결과가 어떻게 될지 예측하기 어려운 면이 있어 정체성 구성 과정은 유동적인 과정이라는 특성이 있다.

다음의 대화[17]는 상대방이 어떤 반응을 할지 예측하기 어려운 경우

---

17) 전형적인 남녀간의 대화에서는 정체성 구성 과정이 예측 가능하다고 반론을 제기할 사람이 있을지도 모르겠다. 남자의 정체성은 독립적이고, 공격적이고, 경쟁적이고, 비감정적인 반면, 여자의 정체성은 의존적이고, 동정심이 있고, 협력적이고, 친교적이고, 감정적이라는 견해가 심리학과 사회학에서 다수 논의되고 있다(Chodorow, 1978; Gilligan, 1982; Rubin, 1983; Tavris and Wade, 1984 참고). 남녀간의 대화를 분석하여 남자의 대화는 정보 지향적, 독립적, 경쟁적이고 여자의 대화는 친교지향적, 상호의존적이라고 양분하여 남녀의 말하기 방식을 설명하려는 견해 또한 사회언어

에 해당한다.

❙예 2-3❙

1송이 : 정호 교육과정은 바뀐거야.
2상혁 : 응 그래?
3명자 : 예, 7차 교육과정이에요.
4상혁 : 내가 한 번 물어 볼게. 먼저 교육과정 본 적 있어?
5송이 : 없어.
6상혁 : <u>어디가 바꿨는지 모르면서 왜 말이 많아</u>.

(2001년 1월 1일 가족 대화 중에서)

3명자는 맞장구를 치면서 교육과정이 바뀌었다는 송이의 말을 뒷받침해 줄 새로운 정보를 제공하고 있다. 그러나 4상혁은 역공격으로 교육과정 자체를 본적이 있느냐고 질문함으로써 1송이의 주장을 원천적으로 봉쇄해 버린다. 6상혁은 송이의 말을 가로채면서 더 이상 잘난척 하지 말라는 식으로 정체성에 대한 이해를 닫아버린다. 이때 대화 예문에 소개되지 않은 송이의 반응은 정체성을 구성하는데 큰 영향을 미친다. 긍정적인 반응으로 상대에 대한 정체성을 구성할 것인지 부정적인 반응으로 상대에 대한 정체성을 구성할 것인지에 따라 대화가 단절되기도 하고 대화가 순조롭게 진행되기도 한다. 이와 같이 정체성 구성 과정의 결과를 예측하기는 어렵다.

셋째, 정체성 구성 과정의 일부는 거의 자동적으로 이루어지기도 한다. 그러나 대부분의 대화에서는 단순히 반사적인 반응을 하기보다는 상대의 태도에 따라 인지적인 응답(response)을 하기 마련이다. 특히 상황

학에서는 지배적이다(Tannen, 1987 참조). 그러나 남녀간의 대화를 전형으로 설명하려는 견해에 반대하여 상황의 요구(situation demands)에 따라 남자의 대화에서도 친교지향적인 성향이 나타나기도 하고 여자의 대화에서 정보 지향적인 성향이 나타날 수 있다고 반론을 제기하는 이론(Malone, 1997)도 있다. 이 연구에서는 성별 유형화보다는 상황적 행위에 관심을 가져야 한다고 강조하고 있다. 본고에서도 마론(Malone)의 의견에 동의하는 입장을 취한다.

을 변화시키고 싶을 때, 평소와는 다른 방법으로 응답을 하기도 한다.

다음의 대화는, 상황을 모면하려고 응답을 하고 있는 경우이다.

▌예 2-4▌

1미경 : 우리도 믹서기를 사러 갔는데 우리가 깎게 됐잖아. 90불 정도에 달라고 했더니 84불에 가져가라고.
2엄마 : 장사꾼들이 더 들어오면 다 내줘. 다 내줘. 양심있는 사람 다 내줘.
3철민 : 만 사천 원 줄려고 한 돈이거든.
4미경 : 인상이 좋아 보였던 모양이지.
5철한 : 처음 겪어봐서 기억이 나지. 그런 기억이 없었거든.
6엄마 : <u>남자들이 치워.</u>
7(다같이) 하하하.
8철한 : <u>저녁 먹고 노래방 갈까?</u>
9엄마 : 노래자랑에 너희들 나가면 일등 할텐데.
10철수 : 누가 접수를 시켜야지

(2001년 1월 23일 가족과의 대화)

저녁을 먹으면서 이루어지고 있는 가족 간의 대화 장면이다. 물건을 사러 갔는데 흥정하려는 가격보다 더 저렴한 가격으로 물건을 사게 된 경험담을 이야기하고 있다. 저녁을 먹고 난 후 6엄마는 남자들에게 밥상 치울 것을 요구한다. 그러자 8철한은 "알겠어요"나 "죄송해요"등의 응답이 아닌 "저녁 먹고 노래방 갈까?"라는 새로운 질문으로 6엄마의 요구에 대한 직접적인 응답을 회피하고 있다. 엄마가 엄한 분인 가정에서의 대화라면 철한의 응답은 조금 달라졌을 것이다. 이와 같이 정체성 구성하기에 따라 상대에 대한 태도도 달라지고 응답도 달라질 수 있다.

넷째, 정체성은 대화 참여자들이 표현하고 이해[18]하는 과정에서 구성된

---

18) 여기에서 표현과 이해는 언어적(verbal)인 것뿐만 아니라 비언어적(non-verbal)적인 것까지 포함한다. 예를 들어 기분 나쁜 표정을 짓거나, 표정을 보고 상대방의 기분을 이해하는 것도 여기에 속한다.

다. 이러한 과정은 들이쉬고 내쉬는 호흡과 마찬가지로 지속적이고, 자연적이며, 때로는 의식하지 못하는 가운데 일어난다. 호흡과 정체성 구성간의 이러한 유사성 때문에, 스튜워트와 로건(Stewart & Logan, 1998)은 이러한 과정의 양방향성에 대해 논의하기 위해서 '들이쉬기-내쉬기(inhaling-exhaling)' 비유를 사용하고 있다. 이 과정에서 '들이쉬기' 부분은 화자가 청자를 어떻게 인지하는지, 얼마나 완벽하고 주의 깊게 청자를 대하는지, 청자의 말에 개별적인 방법으로 응답하는지, 전형적인 방법으로 응답하는지 등을 포함한다. '내쉬기' 부분은 화자의 외양, 복장, 어조, 얼굴 표정, 단어 선택, 눈동작, 말의 양과 같은 요소나 메시지를 어떻게 표현하는지를 포함한다.

다섯째, 많은 대화 참여자들은 이러한 과정이 언제나 진행되고 있다는 사실을 깨닫지 못한다. 대화 참여자들은 의사소통이 단지 정보나 내용을 다루는 것뿐이라고 생각하며, 계속적으로 구성되는 정체성과의 관계로 이루어지는 일련의 활동임을 파악하지 못한다. 대화 참여자들이 정체성 구성에 대해 알게 된다면 상대방에 대한 태도에 따라 대화가 달리 구성된다는 것을 알게 될 것이다. 그러나 정체성 구성에 대해 알아야 한다는 것이 정체성 구성에 얽매여야 한다는 것을 뜻하지는 않는다. 대화 상황에서 아무런 문제나 갈등 없이 대화가 이루어지는 경우가 많기 때문에, 사람들은 정체성 구성 과정을 의식하지 못한다. 대화가 협력적으로 잘 이루어질 때는 정체성 구성에 주의를 기울일 필요를 느끼지 못하는 것이다. 그러나 능숙한 대화 참여자들은 필요하다고 느낄 때, 이러한 과정을 의식한다. 능숙한 대화 참여자들은 이 정체성 구성 과정이 어떻게 진행되는지, 이 과정에서 어떻게 융통성 있게 대처하여 대화를 풀어 가야 하는지를 알고 있다. 능숙한 대화 참여자들은 대화 중에도 정체성을 구성해 나가며 정체성 구성은 유동적인 것이라는 사실도 알고 있다. 능숙한 대화 참여자들은 대화의 갈등 상황에서 무엇이 일어나고 있는지 이해하며, 그것에 대해 어떻게 대처해야 하는지를 안다.

혼자만 산다면 정체성 구성 과정은 멈추어 버릴지 모른다. 그러나 다른 사람과 관계를 맺고 있다면 정체성 구성은 언제나 이루어진다. 사회 속에서 생활하는 동안 끊임없이 정체성 구성이 이루어지는 것이다. 부모의 말하기 방식이 아동의 정체성 구성에 영향을 미친다는 연구 결과들(송인섭, 1998; 차경애, 1997; 차경숙, 1997; 이완정, 1990 등)이 이를 뒷받침하고 있다. 낯선 사람과 우연히 마주쳤을 때, 어릴 때부터 알고 지낸 친한 사람과 대화할 때에도 정체성 구성은 이루어진다. 정체성 구성은 인간의 기본적인 의미 구성 혹은 정보 처리 활동 가운데 하나이다.

대화 참여자들이 서로에 대해 정체성을 구성하는 이유는 이 세계의 사람들과 관련된 부분을 이해하기 위해 그렇게 하는 것이다. 의사소통은 기본적으로 의미를 협력적으로 구성하는 과정이다. 이러한 과정에는 언제나 우리들 각자에게 유용한 수만 개의 언어적인 자극이 있으며, 우리가 그것 모두를 다루어야 한다면, 혼란스러움과 까마득한 양으로 감당하기 어려울 것이다. 그래서 사람들은 이러한 혼돈 상태를 조직화하며, 우리 세계를 구성하는 것이다. 예를 들어 아이들이 말을 배울 때 어휘에 가치를 부여하여 '좋은 말'과 '나쁜 말'로 이분하여 인식하려는 것과 같이 우리는 사물과 인간을 중요한 것과 그렇지 않은 것을 구별할 수 있도록 범주화한다. 이러한 과정의 일부로 우리 자신과 상대방에 대한 이해를 도와주는 정체성 구성하기를 하는 것이다. 게다가, 인간이 무엇인가라는 질문은 우리가 누구인가와 관련된다. 우리 자신의 정체성은 우리에게 중요하며, 곧 우리는 우리가 누구인지 다른 사람과의 접촉을 통해 깨닫게 된다. 따라서 우리가 정체성 구성을 설명하는 또 하나의 주요한 이유는 우리에게 중요하다는 것이며, 우리의 삶에 중대한 문제이기 때문이다.

대화 참여자들이 대화 속에서 정체성을 공동으로 구성한다는 의미는 우리가 누구인지 알기 위해 서로 관계를 맺어가고 관계를 형성해간다는 것을 의미한다. 즉, '정체성 구성하기'는 내가 어떻게 상대방과 의사소통하는지를 통하여 '내가 누구인가'를 알게 되는 방법이며 대화 상대자와의 관계를 형성하고 그 관계를 알아 가는 방법이다.

2.2.2 청자에 대한 응답과 태도

이 절에서는 정체성 구성(identities construction)과정에 참여할 때 화자가 선택하는 네 개의 주요한 응답(response) 유형을 설명하겠다. 의사소통이 사회, 문화, 개인 차원 중 어느 곳에 귀결되는지에 대해 네 가지 응답 유형들이 어떻게 영향을 미치는지 서술할 것이다. 화자는 청자가 누구인지, 말하는 상황이 어떠한지, 청자의 태도가 어떠한지 등 다양한 요인에 대한 반응으로 태도를 선정할 것이고 관점을 선택하여 말을 하게 될 것이다.

태도에 따른 관점 선택을 논의하기에 앞서 대화 참여자들의 응답 태도에는 어떤 것이 있는지 살펴보고자 한다. 다음의 짧은 두 대화의 차이점을 살펴보자.

예 2-5

1A : 일요일 오후에 할 일을 생각해 냈어.
2B : 뭔데?
3A : 인터넷에서 봤던 여의도 공원에 가보고 싶어. 자전거 도로도 있는데 사람은 그다지 많지 않대. 거기 가자.
4B : 재미있겠다. 몇 시에 갈 거야?
5A : 한 시에 집 앞으로 나와.

예 2-6

1갑 : 일요일 오후에 뭘 할까? 친구들이랑……
2을 : 그래? 나는 너랑 같이 있고는 싶지만, 네 친구들과 보내기는 싫어. 우리 둘이서만 뭔가를 하자.
3갑 : 좋아. 점심 사 먹고 영화 보는 건 어때? 새로 개봉한 '친구' 보러 가보자.
4을 : 글쎄, 거기엔 사람들이 너무 많아. 좀더 활동적인 걸 하자.
5갑 : 좋아, 여의도 공원에서 자전거 탈까?
6을 : 좋아. 몇 시에 갈 거야?
7갑 : 한 시?
8을 : 그래 좋아.

(예 2-5)에서 말하는 방식을 살펴보면 A와 B가 각각 어떤 태도를 취하고 있는지 알 수 있다. 능동적인지, 수동적인지, 독단적인지, 협력적인지 등을 알 수 있다. 즉, A와 B의 정체성을 알 수 있다. 또 (예 2-5) 대화에서 'B'의 정체성과 (예 2-6) 대화에서 '을'의 정체성은 어떻게 다른지, (예 2-6)에서 을과 관련하여 갑은 어떤 부류의 사람인지도 말하는 방식을 분석해 보면 알 수 있다.

(예 2-5) 대화에서 A는 "나는 여의도 공원에 가보고 싶어", "거기 가자", "한 시에 집 앞으로 나와"와 같이 단정적인 표현을 쓰면서 자신의 의견을 분명히 주장하고 있다. 이러한 말하기 방식으로 미루어 보아 A는 능동적이고, 단정적이며 나쁘게 말하면 독단적이며, 주된 의사 결정자일 가능성이 높다. 반면에 B는 "뭔데?", "재미있겠다"와 같이 응답을 하고 있어 B는 수동적이며, 제안을 수용하는 편이며, 동조하는 쪽에 속하는 사람이라고 볼 수 있다. 자기 자신을 정의할 때에도 (예 2-5) 대화에서 A는 자신을 리더로 정의할 것이며, B는 이러한 A의 정체성을 수용하는 '추종자'로 정의할 것이다. 이러한 정체성은 (예 2-5) 대화에서 보이는 그들의 관계를 통해 유추된 것이다.

(예 2-6) 대화에서 을은 B보다 훨씬 의사결정자로서의 역할을 수행한다. 을은 갑에게 모든 결정을 내리도록 하는 것이 아니라, 일요일 오후에 할 일에 대한 결정 발언권을 갑과 동등하게 갖고 있다. 그리고 (예2-6) 대화에서, 갑은 이러한 평등함에 불만이 없는 것으로 보인다. 갑은 을이 자신을 대하는 태도를 수용하고 있으며, 갑은 상대방의 말에 동조하며 상대방과 협조적인 태도를 취하고 있다. 이러한 태도는 두 사람이 대화하는 상황에서 전형적인 정체성의 모습으로 나타날 수도 있고 일시적인 정체성의 모습으로 나타날 수도 있다. 이들 네 사람의 정체성이 꽤 명확하게 드러나는 이유는 그들의 태도가 대화 속에 존재하기 때문이다.

또한 위 예문은 대화자들이 어떻게 정체성을 공동으로 확립해 가는지를 보여준다. B는 A가 자신을 리더로 인식하는 것에 대해 반대할 수도 있으며, 갑은 자신을 을과 동등한 관계가 아니라 열등하거나 우월하다고 생각했을 수도 있다. 본인이 인식하는 정체성과 타인이 인식하는 정체성이 다를 때 갈등이 발생할 수 있다. 그러나 위 예문 발화에서 대화 참여자는 상대방의 정체성에 대해 상대방과 협력한다. 예를 들어 누군가 상대방이 그 자신을 '동등하다'고 정의하는 데 반대했었다면, 상황은 좀더 복잡해졌을 것이다. 그러나 그렇다하더라도, 청자는 상대방의 정체성에 대해 그들 각자가 상황에 따라 판단하고 대화에서 협력할 것이다. 정체성이 개인의 창작물이 아니기 때문이다. 정체성은 사람들의 머릿속에, 혹은 그들의 개성의 은밀한 곳에 독자적으로 형성되어 존재하지 않는다. 정체성은 언어적, 비언어적 요소를 통해 나타나며 구성되고 완성된다.

위에서 든 두 대화에서 대화 참여자들이 만족스럽게 정체성을 구성하고 있다거나 불만족스럽게 정체성을 구성하고 있다거나 적절하게 혹은 부적절하게 정체성을 구성하고 있다고 속단하기는 어려운 점들이 있다. 어떤 의미에서 보면, 이 과정에 참여하는 올바른 방법이나 잘못된 방법은 존재하지 않는다. 대화 참여 속에서 어떤 형태의 정체성이 구성되느냐는 대화 참여 과정에서 발생하게 되는 결과로 얻어지는 결과물이다. 이들 두 짧은 대화에서 그 결과는 모두 긍정적인 것으로 보인다. A와 B는 그들이 구성한 서로의 정체성에 대해 완벽하게 만족하는 듯하며, 갑과 을 역시 마찬가지다. 그러나 때때로 이러한 과정은 순조롭지 못할 때도 있다.

예 2-7

1영철 : 테니스화 샀니?
2형민 : 응.
3영철 : 야, 너 철수한테 꾼 돈 갚을 거니?
4형민 : 그럼, 언젠가는, 근데 지금은 돈이 좀 모자라.
5영철 : 근데, 철수가 사람들에게 빚을 갚아 달라고 하던데.
6형민 : 야, 잘 들어. 아픈 데 건드리지 마.

7영철 : 아픈 델 건드리는 게 아니야. 네 빚이 가장 많잖아.
8형민 : 누가 너한테 빚독촉하라든? 그만해!
9영철 : 알겠어.

테니스 경기를 시작하기 전 영철이와 형민이의 대화 내용이다. 이 대화에서 영철이는 한 집에 사는 친구를 염려하고 있는 동료로 자신을 정의하고 있으며, 그의 친구에게 빚에 대한 책임을 주지시키려 노력하고 있다. 반면에 6, 8에서 형민이는 이러한 정체성을 거부한다. 그가 자신의 빚 때문에 난처함을 느끼거나 다소 죄스러운 마음을 가질 수도 있다. 그러나 형민이는 영철이가 채권자인 철수를 대신하기를 원하지 않는다. 영철이는 빚이야기를 강요하지 않기로 결심했지만, 이 대화의 후반부에서 문제는 해결되지 않았다. 정체성에 대한 이러한 불일치는 그들의 우정에 일시적인 손상을 입힐 수도 있다.

이 대화에서 어느 누구도 정체성 구성을 회피할 수 없다는 것을 알 수 있다. 정체성 구성은 사람들이 의사소통을 할 때면 언제나 일어나는 현상이다. 서로간의 접촉이 짧았든 길었든, 간접적이든 직접적이든 상관없이 직·간접적으로 스스로에 대한 정체성을 구성해 가며, 상대방에 의해 제공되는 정체성에 대해 응답하고 반응하게 된다. 예를 들면, 상냥한 말투로 "여보세요, ○○백화점입니다."라고 전화를 받는 사람과 퉁명스런 말투로 "여보세요"라고 전화를 받는 사람을 접하게 될 때, 각 사람에 대한 인식은 다를 것이다. 실제로 이러한 과정은 특별한 화제나 주제가 없는 경우에도 진행된다.

예 2-8

영희 : 야, 잘 지내니?
미희 : (우거지상을 하며 침묵)
영희 : 무슨 안 좋은 일 있니?
미희 : 아무 것도 아냐. 신경 쓰지 마.
영희 : 뭐가 그렇게 짜증스러운데?

미희 : 신경 쓰지 마! 그만 두란 말이야.
영희 : 그래, 알겠어! 계속 뾰루퉁하렴! 내가 뭐랬다고 그래?

영희와 미희는 어떤 주제나 사건에 대해 말하고 있지는 않았지만, 분명히 정체성을 함께 구성하고 있다. 이 대화에서 미희가 스스로를 평가하는 정체성과 영희에 대해 평가하는 정체성은 다음과 같이 풀이할 수 있다.

> 지금 나는 나 자신을 너와 상관없는 존재라고 생각해. 그래서 대답도 안 했고, "아무 것도 아냐. 신경 쓰지 마."라고 말한 거야. 너는 참견을 너무 많이 하려고 해. 너는 아마도 나를 비사교적이라고 생각하겠지. 그러나 나는 화를 낼 만한 이유가 있어.

반면에 영희가 스스로를 평가하는 정체성과 미희에 대해 평가하는 정체성은 다음과 같다.

> 지금 나는 친구를 염려하는 다정한 친구라고 생각해. 그래서 "야, 잘 지내니?", "무슨 안 좋은 일 있니?"라고 관심을 보인 거야. 그런데 넌 친구에 대한 예의가 없군 그래. 나도 친구를 염려하는 다정한 친구로 남아 있는 데에는 한계가 있는 거야 그래서 "그래, 알겠어! 계속 뾰루퉁하렴! 내가 뭐랬다고 그래?"라고 말한 거야.

정체성 구성 과정을 이해하는 것은 다음 세 가지 점에서 중요하다. 첫째, 화자는 의사소통하는 동안 언제나 정체성 구성 과정을 거치게 되기 때문이다. 또한 청자들도 이 과정을 거치게 되기 때문이다. 둘째, 정체성 구성 과정을 통해 사람들과 관련을 맺고 있는 화자는 자신이 누구인지에 대한 인식을 하게 되기 때문이다. 셋째, 정체성 구성 과정을 이해하게 되면 대화를 질적으로 다르게 구성할 수 있기 때문이다.

대화 참여자가 응답자로서의 역할 속에 정체성이 구성된다는 것은 대화 참여자들이 관련된 행동과 사건의 맥락에 적응해 간다는 말이다. 모든 인간의 행동이 연결된 행동이라는 말이 있다. 아무도 전무(全無)에서 행동을 시작하지는 않는다. 그러므로 우리가 행하는 모든 행동은 그 시작에서부터 다른 어떤 행동의 대답인 것이다. 하나의 행동은 다른 것들과 연결되기 마련이다.

화자가 처음 발화를 하는 행동을 '시작하는 것'으로 인식하기 쉽다. 그러나 이러한 행동 중 그 어느 것도 우주의 영원한 침묵을 깨뜨린 것은 아니다. 보다 넓은 의미의 맥락을 생각해 본다면, 우리가 경험하는 모든 행위는 그에 앞서는 사건에 대한 반응이다. 그러므로 반사적 반응이 아니라는 점을 부각하기 위해 반응보다는 응답이라는 용어로 화자와 청자의 태도 선택 유형을 살펴보는 것이 적절하다.

정체성 구성 과정을 이해함으로써 대화 참여자가 청자에 대해 응답하는 유형에는 어떤 것이 있는지 4단계로 나누어 살펴보겠다. 첫 번째 단계는, 사회적, 문화적, 개인적 의사소통 척도를 제시하는 것이다. 두 번째 단계는 상대에 대한 수용과 표현 측면을 또 하나의 기준으로 설정하는 것이다. 세 번째 단계는 이 두 가지 구별을 하나의 표에 정리하면 어떤 조합이 일어나는지 생각해 보는 것이다. 네 번째 단계는 열린 태도와 닫힌 태도와 연결하여 청자에 대한 응답의 유형이 태도와 관련됨을 보이는 것이다.

응답의 유형이 유동적이고 역동적이라는 것을 보여주기 위해 사각형이 아닌 타원형으로 표를 나타낼 것이다. 표의 수직축을 '표현'이라 하고, 이를 다시 두 줄로 나눠서 각각을 '사회적', '개인적'이라 하고 중간을 '문화적'이라고 정하겠다. '사회적'이란 부분은 '사회적' 정보만 표현하면서 상황에 응답한다는 것을 나타내는데, 이 정보는 주로 우리의 사회적 역할에 관한 정보이다. 다른 상황에서는 민족, 성별, 계층 등의 '문화적' 정보도 제공하면서 응답하며, 또 다른 상황에서는 '개인적' 정보를 제공함으로써 의사소통에 기여하기도 한다. 표의 수평축은 '수용'이라 하고 이를 다시 같은 방식으로 분할하겠다. 그리하여 가로행은 응답의 '표현' 부분을 나타내고 세로열은 '수용'을 나타내게 된다. 태도는 개인적으로 상대방에 대해 수용을 하고 개인적 정보를 표현하는 방향에서는 열린 태도를 유지하는 것으로 나타내고 반대 방향에서는 닫힌 태도를 유지하는 것으로 나타내게 된다. 어떤 상황에서는 다른 사람의 사회적 역할 정체성을 인식함으로써 응답한다. 또 어떤 상황에서는 그들의 사회적 특징과 문화적 특징을 모두 알아차리기도 한다. 그런가 하면 또 어떤 상황에서는 상대방의 사회적·문화적 특징은 물론 개인적 특징도 인식한다. 표를 단순화하기 위해 척도의 끝에만 이름을 '사회적'과 '개인적'으로 달았다. 표현과 수용을 조합[19]하였다는 측면에서 청자와의 관계를 고려한 대화의 양상을 설명하는 데 시사점을 줄 수 있다. 응답표의 최종 결과는 [그림 2-1]과 같다.

그림 2-1 개인의 응답 선택지

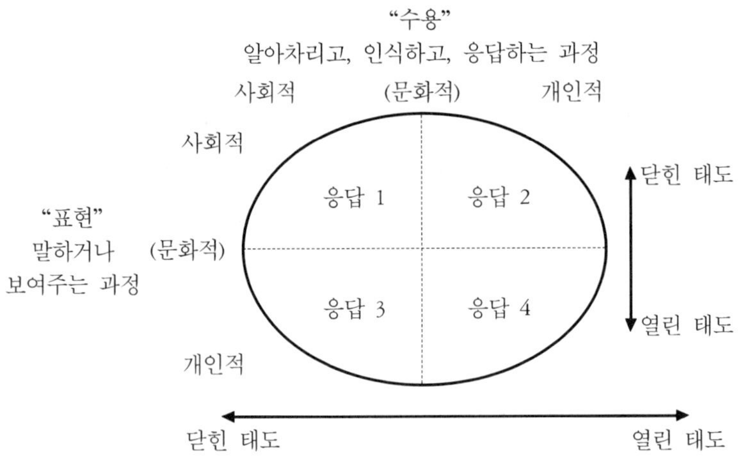

19) 루프트(Luft, 1969)는 자기 노출 문제에 초점을 맞추어 건전한 의사소통은 개방 영역의 크기가 증가하는 쪽으로 옮겨가야 한다고 주장하면서 자기 표현의 중요성을 제안하고 있다. 반면 하이더(Heider, 1958)는 다른 사람들의 행동 원인을 추론하는 방식으로 상대를 알게 된다는 속성 이론을 제안하고 있다. 루프트와 하이더는 각각 표현과 수용의 일면만을 살핀 이론을 제안하고 있다(Reardon 저, 임칠성 역, 1997b 참조).

이 표는 개인이 자기 정체성 구성 과정에 참여하면서 보이는 네 가지 응답을 일목요연하게 보여주고 있다. 각 응답은 인식하거나 수용하는 부분과 표현하는 부분의 두 부분으로 이루어져 있다. 예컨대 24시 편의점에서 상점 점원과 손님이 이야기를 할 때는 단지 사회적 정보를 표현하기만 할 수도 있다.

예 2-9

점원 : 안녕하세요?
손님 : 예, 안녕하세요? 이것 얼마예요?
점원 : 450원입니다.

손님은 점원을 단지 사회적 역할을 수행하는 사람으로 인식(수용)하기만 할 수도 있다. 이는 응답 선택 1, 즉 사회적 특성만 수용하고 표현하는 것의 사례이다. 절친한 친구와 이야기할 때 화자는 자신의 감정을 표현할 수도 있고, 동시에 청자인 친구의 감정에 주목할 수도 있다. 이는 응답 선택 4, 즉 개인적 특징을 수용하고 표현하는 것의 사례이다.

네 가지 응답 선택지를 나누고 있는 점선은 응답간의 구별이 절대적이거나 양적인 것이 아니라는 것을 드러낸다. 그것들은 정도의 차이이며, 계속 변화한다. 때로는 잠시 동안 사회적 특징을 수용하다가도 문화적 정보나 개인적 정보를 드러내는 방식으로 말하거나 활동하는 것으로 옮겨가기도 한다. 그리고 나서 얼마 후 다시 사회적 특성만을 공유하는 것으로 되돌아오기도 한다. 24시 편의점에서의 대화의 경우에도 응답 선택 4에 해당하는 표현을 할 수 있다. 다음 예에서 밑줄 친 부분은 응답 선택 4에 해당하는 표현이다.

예 2-10

점원 : 안녕하세요.
손님 : 예, 안녕하세요? 이것 얼마예요?

점원 : 450원입니다.
손님 : 오늘 우리 아들에게 이것을 사다 주겠다고 약속했어요.
점원 : 아드님은 좋으시겠어요. 엄마가 약속을 잘 지켜주니까요.
손님 : 안녕히 계세요.
점원 : 안녕히 가세요.

(2001년 5월 동네 24시 편의점에서)

다른 사람의 말을 듣는 방식 또한 사회적인 것에서 개인적인 것으로, 그리고 그 반대 방향으로 변화할 수 있다. [그림 2-1]의 네 부분에서 확인되는 차이는 분명히 존재하나, 절대적인 것은 아니다.

2.2.3 정체성 구성 과정으로서의 응답의 유형

이 절의 주요 논점은 사람들이 의사소통할 때는 협동적이고 다소 호혜적이며 서로의 정체성을 구성하는 과정에 놓이게 된다는 점이다. 사람들은 특정한 응답을 함으로써 이 과정에 참여하는데 이 응답 중 많은 것들은 대개가 무의식적인 것이다. 그러나 그것을 의식하고 있든 그렇지 않든, 응답은 의사소통에 중요한 영향을 미친다.

앞에서 응답의 유형을 4가지로 보았다. 이를 이해하기 쉽도록 각각의 응답 선택지에 명칭[20]을 붙여 보면 대화의 태도를 구별하는 데 도움이 될 것이다. 각 명칭 중 전형적 인식(stereotyping)과 개별적 인식(sensitivity)은 받아들이거나 인식하거나 수용하는 것이 무엇인지를 나타낸다. 다른 사람의 사회적 특성 예를 들면 사회적 역할 정체성이나 다른 교환 가능한

20) 각 응답 선택지의 이름은 스튜워트와 로건(Stewart & Logan, 1998)의 견해를 참조하였다. 그러나 본고의 견해는 독창적인 면이 있다. 4장에서 논의하게 될 상대방 배려의 원리로 청자 지향적 관점의 표현을 모색한 점에서 독창적이다. 청자에 대한 인식이 먼저이고 화자가 표현을 결정하기 마련이라는 점에 주목하였다. 이러한 순차적인 이해를 스튜워트와 로건은 간과하고 있다.

특질 등을 주로 인식할 때 그것을 '전형적 인식'이라 부를 수 있다. 이것은 기본적으로 누군가를 판에 박는 것처럼 인식하는 것을 뜻하는 것과 관련이 있다. 반면에 다른 사람의 개인적 특성을 인식하고 알아차리며 주의 깊게 들을 때, 그러한 응답 선택을 '개별적 인식'이라 부를 수 있다.

표현 측면과 관련하여 '닫힌 표현'과 '열린 표현'이라는 용어를 쓰겠다. '닫힌 표현'이라는 것은 사회적 정보나 특징만을 제시 표현하려 하거나 표현 할 수 있음을 의미한다. 이에 반해 '열린 표현'이란 개인적인 특징을 제시 · 표현하려 하거나 할 수 있음을 의미하게 된다.

그림 2-2 정체성 구성 과정으로서의 응답 선택지

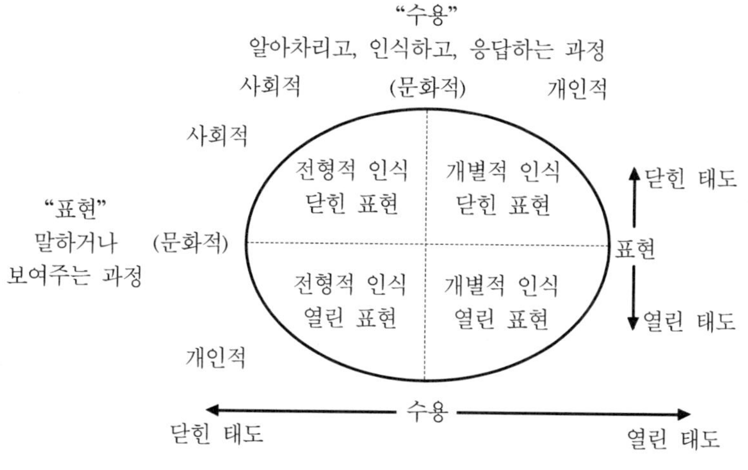

사회적 역할 정체성이나 여타 자아의 상호교환 가능한 측면만을 표현하면서 응답할 때 그것을 '닫힌 표현'이라 부른다. 반면에 개인으로서의 자신의 일부, 예컨대 자신의 독특한 특징, 감정, 의심 등을 드러내거나 이야기할 때 그것을 '열린 표현'이라고 부른다.

이러한 명명은 가치가 부과되어 있는 것처럼 들릴 수도 있다. '전형적 인식, 닫힌 표현'은 언제나 나쁘고 '개별적 인식, 열린 표현'은 언제나 좋은 것처럼 오해할 수도 있다. 그러나 이 용어들은 단순하고 직접적인 특성을 나타내기 위해 선택된 표현이다. 사회적 특징만 표현하거나 타인의 사회적 특징만 인식한다고 해서 대화에 실패하거나 실수를 하는 것이 아니라는 점을 인식하는 것이 중요하다. 사실 대부분의 경우 전형적 인식은 자연스러운 것이고 불가피한 것이기도 하다. 인간은 자신의 인식을 범주화하지 않을 수 없고, 인식을 범주화하면서 사람이나 사건의 개별성을 무시하기도 한다. 달리 말하면, 정보 처리 과정에서 보통은 규칙적으로 전형적 인식을 한다. 그러나 이 과정이 자연스럽고 불가피한 것이라 해도 어디까지나 전형적 인식은 전형적 인식이다. 또, 사회적 특성만을 표현하는 것이 때로는 이해가 잘 되기도 하지만 이는 어디까지나 '닫힌 표현' 응답이고, 대개는 뻔한 결과를 가져온다.

다른 사람들이 각각 나를 어떻게 보고 있는지에 관한 생각을 의식적으로 하거나 무의식적으로 하기도 한다. 그렇지만 다른 사람들과 관련하여 나 자신에 대해 갖고 있는 개념과 내가 다른 사람에 대해 갖고 있는 개념이 중요해지는 것은 다른 사람들과 대화를 할 때이다. 우리는 다른 사람과 이야기를 나눌 때 상대하는 사람마다 조금씩 다른 방식을 사용하게 된다. 이러한 차이는 자기 스스로를 규정하는 것, 대화 상대방을 규정하는 것, 그리고 상대방이 나를 어떻게 규정하고 있느냐에 대한 생각을 반영하고 있다.

재미있고 매력이 있다고 생각하는 사람과 잘 알고 있는 화제로 이야기할 때는, 재미없는 사람과 잘 모르는 화제로 이야기할 때에 비해 겉으로 드러나는 표현과 목소리의 톤이 달라진다. 이 차이는 직접적으로 상이한 정체성, 즉 본인과 타인에 대한 상이한 개념 때문에 생기는 것이다. 네 가지 응답 유형을 자세히 살펴보도록 하겠다.

(1) 전형적 인식, 닫힌 표현

첫 번째 응답 유형에 대해 살펴보자. 이 응답 유형은 다른 사람의 사회적 특성을 주로 인식한다는 점에서 전형적 인식에 속하고, 주로 사회적 정보를 제공한다는 점에서 닫힌 표현에 속하는 대화 유형이다. 다음에 제시된 직장 상사와 부하직원 간의 대화는 전형적 인식, 닫힌 표현의 한 예이다.

예 2-11

> 직장 상사 : 김 대리, 이번 수출 건에 대한 보고서는 작성했나? 오늘 퇴근하기 전까지 내 자리에다 결재할 수 있도록 갖다 놓도록 하게.
>
> 부하 직원 : 예, 알았습니다. 기한 내에 제출하도록 하겠습니다.

이 상황에서 두 사람은 자신과 상대방을 사회적 역할의 수행자, 즉 그 역할을 할 수 있는 다른 사람과 바꾸어도 괜찮을 그러한 사람으로 규정하고 있다. 두 사람은 자신의 사회적 측면만을 표현하고 있으며 상대방의 사회적 측면만을 인식하고 있다. 상사는 "나는 상사이고, 자네는 부하 직원"으로 인식한다. 부하 직원은 "나는 부하 직원이고 상대방은 상사"로 인식한다. 그리하여 두 사람은 응답 선택지 1번, 즉 전형적 인식, 닫힌 표현을 선택한다. 그들이 개인적 특성을 인식할 수 없는 것은 아니다. 예컨대 상사는 김 대리가 옷을 멋있게 입었다든가, 여자 친구와 어제 싸웠다든가 하는 것을 알 수도 있다. 그러나 그러한 특성은 그의 말에 드러나 있지 않다. 이 대화는 명백히 쌍방에서 '전형적 인식, 닫힌 표현'을 구현하고 있다.

전형적 인식, 닫힌 표현은 예컨대 경찰관이 자신의 이웃 사람이 전과자라는 것을 알고는 즉각 그 사람을 위험하고 믿을 수 없는 사람이라고 인식하기 시작할 때에도 발생한다. 그리고 이러한 바탕 위에서 상대방을 알만한 가치가 없는 사람이라고 단정하게 된다.

이 응답을 선택하는 사람들은 자신의 사회적 특성을 많이 드러낸다. 예컨대 김모 씨는 여교수이고 변호사인 정모 씨의 부인인데, 부부 동반하여 변호사 모임에 갔을 때 김모 씨는 자연스럽게 변호사의 '배우자' 역할을 수행하고 있다는 것을 발견하게 된다. 김모 씨는 모임에서 다른 사람과 이야기를 나눌 때 사회적 역할 관계에서 벗어나지 못하는 경우가 많다. 교수와 변호사의 차이, 야구 선수 이야기, 경제 상황 등 여러 화제가 거론될지라도 김모 씨는 '변호사의 부인'에서 벗어나지 못한다. 또 다른 사람들은 김모 씨를 '변호사의 부인' 또는 '교수'라고 인식하는 경향이 있다. 이 때문에 김 모씨는 자신의 사회적 특성을 표현하는 것으로만 응답하고, 청자들도 이와 유사하게 응답하는 경향이 있다. 그래서 비교적 오랫동안 이야기를 하더라도 그들은 모두 사회적 역할 정보만을 수용·표현한다. 따라서 그들의 의사소통은 전형적 인식, 닫힌 표현에서 크게 벗어나지 않는다.

전형적 인식, 닫힌 표현 중에서 문제가 되는 유형은 거부(disconfirmation)이다. 이 유형은 다른 사람의 존재나 가치를 부정하는 방식으로 대화할 때 일어난다. 거부는 상대방과 접촉할 가치가 없다고 단정하기 때문에 전형적 인식이며, 상대방에 대해 무시하기 때문에 닫힌 표현이다. 가장 극단적인 경우엔 정체성 구성의 과정이 거의 중단된다. 누군가의 존재나 중요성을 부정한다는 것은 결과적으로 그와 대화를 계속하기를 거부하는 것이기 때문이다. 심한 경우에는 상대방과 같은 자리에 있더라도 마치 그가 없는 것처럼 행동한다.

다음 대화를 통해 거부의 예를 살펴볼 수 있다.

예 2-12

(어른들끼리 심각한 이야기를 하고 있는 상황이다.)
준무 : 엄마 여기 좀 보세요. 잘 그렸죠?

엄마 : 어른들 이야기하는데 끼어 들지 말고 조용히 좀 해라. 가서 손이나 씻어.

위 대화에서 준무와 엄마는 원만한 대화가 거의 이루어지지 않고 있다. 엄마가 준무에게 전하고자 하는 유일한 메시지는 "어른들 얘기하는데 방해 좀 하지마."일 것이다.

거부의 한 유형으로 동문서답으로 응답하는 것을 들 수 있다. 동문서답의 응답이란, 상대방이 말한 것에 전혀 무관하거나 최소한의 관계만 있는 응답을 보이는 것이다. 상대방이 말한 것과는 극소의 관련만 있도록 말하고 곧바로 다른 화제로 넘어감으로써 일탈을 만드는 경우도 이에 해당한다. 다음 대화를 살펴보자.

예 2-13

(송이는 명희의 시누이이고 정호 아빠는 송이의 남편이다)

1명희 : 비싸네 46만원이라구? 우리는 생활이 안돼. 대기업 회사 아니면 빠듯하다니까.

2송이 : 대기업 다녀도 빠듯하다니까. 그러면서도 자기가 돈이 없어서 극빈자래잖아. 이 동네 아줌마들이 친한 아줌마들이 열성적인 엄마들이라서 곁다리로 껴가지고…

(정호 아빠가 골프채를 휘두르면서 골프연습을 하고 있다.)

3명희 : <u>저러다가 등 깨는 거 아냐?</u>

4송이 : 옆집 아저씨 등 깼잖아. 샹들리에를 깨버렸어. 자기집도 아닌 전셋집에서. 정호 아빠랑 시작한 사람 있다고 했지? 같이 연습하는 거.

5명희 : 정말 이 집은 깰 것이 많아. 돈이 얼마나…

6송이 : <u>오빠도 해야지.</u>

7명희 : <u>저거 있잖아 퍼즐.</u>

8송이 : 미국에서 해 온 거야.

(2001년 1월 가족과의 대화에서)

위 대화에서 명희는 송이와 자녀 교육에 들어가는 돈 문제를 논의하다가 3에서 명희는 골프 연습의 위험성으로 화제를 바꾼다. 명희의 돈 문제가 또 논의되자 7에서 명희는 퍼즐 이야기로 화제를 바꾸고 있다. 명희 가정의 돈 문제에 대한 논의를 피하려는 의도가 3명희에서 화제의 전환으로 나타나고 6송이와 7명희에서 동문서답으로 이어지고 있다.

명희의 말은 여러 차례 화제를 바꾸기 때문에 송이의 입장에서 보면 명희가 자신의 말에 동조를 하지 않고 있다고 느낄지도 모르겠다. 2에서 송이는 동네 아줌마들이랑 자녀 교육 문제에 관해 논의하였다는 내용을 이야기하고자 하지만 3에서 명희는 송이와의 대화 중에 정호 아빠가 골프채로 골프 연습을 하고 있는 것으로 화제를 돌린다. 6에서 송이의 발언으로 돈문제가 다시 개입되자 명희는 또 한 차례 화제를 돌린다. 6송이가 "오빠도 골프를 해야지"라고 언급한 것에 대해 송이 오빠가 골프를 하는 문제와 직접적인 경제적 부담을 안게 될 명희는 이 일에 대한 대답을 회피하기 위해서 화제를 다른 곳으로 돌리고 있다. 이런 일이 계속 일어난다면 송이는 자신의 말이 가치 있고, 중요하게 다루어지지 않고 있다고 느낄 것이다. 동문서답으로 응답하는 것은 거부의 일종으로 받아들일 수 있다.

반면에 때로는 무시되는 것이 좋을 때도 있다. 적지 않은 사람들이 대도시 아파트에서 익명의 상태로 살아가기도 한다. 그들은 자신의 이웃 사람들이 그들을 아는 체 하지 않고 지내기를 원하기도 한다. 또한 다른 사람을 효과적으로 무시할 수 있는 방법으로써의 거부는, 독설가나 계속 자신을 공격하는 사람으로부터 보호해 줄 수도 있다.

요컨대 네 가지 주요 정체성 구성 응답 중 첫 번째 것은 전형적 인식, 닫힌 표현인데, 이는 긍정적일 수도 있고 부정적일 수도 있으며 유용하기도 하고 해악을 끼치기도 한다. 보다 극단적인 형태의 거부는 궤적 내에서 소통을 거의 멈추는 것이다.

(2) 개별적 인식, 닫힌 표현

응답 선택지 2로 응답한다는 것은 개인적으로 자신이 어떤 사람인지를 표현하려 하지 않거나 표현할 수 없는 상태이지만, 상대방의 개인적인 특징들은 인식하게 되는 경우에 해당된다. 상담자, 변호사, 회계사, 간호사, 심리학자, 교사 등 남을 도와주는 전문적 직업에 있는 사람들이 주로 이와 같이 응답한다. 그들은 내담자, 고객, 환자, 학생들의 개인적 특징에 민감하지만, 자신이 개인적으로 어떤 사람인지 표현하는 것은 피한다.

다음 예는 개별적 인식, 닫힌 표현의 응답이 일어나는 경우이다.

▌예 2-14▐

(중학생 상담 면접)

1상담자 : 방학이 대체로 재미있었나? 이제 거의 끝나가지?

2내담자 : 네. 10일 가량 남았어요. 전에 제가 방학을 뜻있게 보내겠다고 했었는데, 그렇지 못한 것 같아요.

3상담자 : 어떻게 보냈는데?

4내담자 : 건성 건성 넘어간 것 같아요.

5상담자 : 실제로 어떻게 보냈는지 얘기 해 볼래?

6내담자 : 처음엔 그런대로 계획 짜고 괜찮았는데, 7월말 여행 다녀와서 2주일은 그럭저럭 보냈어요. 이번 주는 좀 나아진 셈이에요. 요즘은 어떤 생각이 드냐 하면, 전에 같으면 연합고사 정도는 아무 것도 아니라는 생각이었는데 걱정이 돼요. 장래 문제도 걱정되고 옛날에는 모든 일이 잘 될 것 같았는데…

(이장호, 2000: 315)

내담자는 자신의 개인적인 문제를 털어놓으면서 열린 표현을 하는데 반하여 상담자는 내담자가 자신에 대한 말을 하도록 유도하거나 들어주는 역할을 주로 하면서 닫힌 표현을 하고 있다. 상담자는 내담자의 개인적인 정보를 민감하게 수용하지만 상담자라는 사회적인 역할에 해당하는 정체성을 드러냄으로써 개별적 인식, 닫힌 표현을 하고 있다.

|예 2-15|

손님 : 이 가방은 완전 불량품이에요! 여행을 겨우 세 번 했는데 벌써 다 떨어졌어요. 이런 고물을 왜 팔았어요? 내가 거액을 지불했을 때는…

점원 : 죄송합니다. 화내실 만하다는 것 잘 알겠습니다. 몇 년 동안 쓰시길 원하셨던 것인데 이렇게 되어 얼마나 황당하셨겠어요. 본점의 목표가 모든 고객을 만족시키는 것이고, 약관에 의하면 구입하신 지 1년 이내에 그것을 환불받을 수 있다고 되어 있습니다. 만약 구입한 지 1년이 안 되었으면 환불해 드리도록 하겠습니다.

여기서 점원은 개인적 정보인 손님의 감정에는 민감하게 수용하지만 사회적 정체성인 점원으로서의 역할에 근거하여 응답하고 있다. 이때 점원은 개별적 인식, 닫힌 표현을 하고 있고 손님의 응답 유형은 점원의 말에 어떻게 반응하느냐에 따라 달라질 수도 있지만 전형적 인식, 열린 표현일 가능성이 높다.

다음 글에서 나오는 아르바이트를 하는 학생의 경우도 개별적 인식, 닫힌 표현에 속하는 경우이다.

|예 2-16|

나는 서울랜드에서 아르바이트를 하면서 아이들에게 응급 치료를 많이 해 준 경험이 있다. 나를 찾아 오는 대부분의 어린이들은 상처에서 피가 나거나 머리에 혹이 난 어린이들이다. 나의 주된 관심은 아이를 치료하는 것이지만 일을 하면서, 아이들에게 상처가 날 때 무엇을 하고 있었는지에 관해 물어 본다. 아이들은 말하는 것을 좋아한다. 남자 아이의 경우는 '전쟁 이야기' 하는 것을 좋아한다. 나는 그들의 이야기를 잘 듣고 응답을 해 준다. 하지만 대화에 내 개인적인 이야기는 하지 않는다.

(예 2-16)에 나오는 '나'는 응급 치료를 받는 어린이들의 이야기를 민감하게 수용하지만 사회적 역할에 근거하여 응답하기 때문에 개별적 인식을 하고 닫힌 표현을 할 것이다.

(3) 전형적 인식, 열린 표현

세 번째 응답 선택지는 다른 사람들의 사회적 특성만을 받아들이고 그에 대해 응답하고 개인적 특징을 표현한다는 점 때문에 전형적 인식, 열린 표현 유형이다. 가령, 학생들에게 매 수업 시간마다 한 조씩 조별 발표를 하도록 하였는데 사정이 생겨 두 조가 한꺼번에 발표를 해야 될 상황이 생겼다. 그런데 순서적으로는 두 번째 발표를 해야할 조가 교수에게 찾아와 먼저 발표해야만 하는 사정 이야기를 했다. 그때 교수는 별 생각 없이 그것을 허락하였다. 두 번째 조가 발표를 하였다. 그런데 두 번째 발표 조의 발표가 길어져서 첫 번째 발표해야 할 발표 조가 발표할 시간이 부족하게 되었다. 이 경우 두 번째 발표 조의 조원들이 교수에게 찾아와 "선생님은 우리가 발표할 권리를 빼앗았어요. 발표 순서가 바뀌게 되었을 때 왜 저희에게 상의를 하지 않으셨어요?"라고 항의를 하였다. 이때 교수에게 항의한 학생들의 반응은 세 번째 응답항을 선택한 경우이다. 교수의 과도한 권위주의에 당황하고 개인적인 감정을 표현한 것이다. 학생은, 교수의 사회적 역할 정체성만을 인식하는 전형적 인식을 하고, 개방적이고 개인적인 감정을 드러내는 열린 표현을 한 것이다.

때때로 이혼한 부부가 자신의 아이와 말할 때 전형적 인식, 열린 표현에 빠지는 경향이 있다. 엄마나 아빠가 이혼으로 고통을 민감하게 느끼고 있지만, 가족 외의 누군가에게 마음을 털어놓기를 주저하는 경우가 많다. 그래서, 특별히 대학생이나 좀더 나이가 든 자녀가 있다면 이혼한 엄마나 아빠는 이혼의 고통에 대해 장황하게 이야기를 하려 한다.

대부분의 아이들은 그들이 부모의 심리치료사가 될 수 있다고 생각하지 않기 때문에 이런 상황에 처하면 불편해 한다. 만일 부모들이 이러한 불안정함을 이해한다면 아마 그만 둘 것이지만, 부모가 '자신을 이해하는 사람'과 마음을 터놓고 싶을 때, 그리고 부모의 눈으로, 그 아이가 그럴 만하다고 생각될 때 문제가 발생한다. 이러한 상황에서, 부모는 그가 감정과 자신의 생각에 대해 말하고 있다는 점에서 분명히 열린 표현에 해당한다. 그러나 이 응답 유형은 청자에 대해 틀에 박혀 있다는 면에서 전형적 인식에 해당한다. 왜냐하면 이 부모는 아이를 '가족 구성원' 또는 '호의적인 청자'로 바라보기만 하고 청자의 불편한 심기에는 민감하지 못하기 때문이다.

'기차에서 낯선 사람과의 대화 현상'도 이러한 정체성 구성 응답 방식의 또 다른 예가 될 수 있다. 어떤 사람이 옆자리에 앉아 대화를 나누려 하면서 자신의 개인적인 생활과 문제들에 대해 혼자 말을 하기 시작한다고 가정하자. 여행이 끝나기 전에 대화의 상대자가 되어 주었던 사람은 옆 사람의 식습관, 취미, 가족 관계, 사업에서의 성공과 실패 등에 대해 자세한 내용들을 알게 되었다. 이 때 이야기를 한 사람은 분명히 열린 표현에 해당하는 대화를 한 것이다. 그리고 그는 옆 사람을 단지 자신의 옆자리에 앉아서 들어줄 만큼 참을성이 있는 대화 상대자 정도로 인식한다. 이때 전형적 인식이 발생하는 것이다. 이 경우는 옆자리에 누가 있었건 관계없이 누구나 같은 대우를 받았을 것이다. 이와 같은 경우를 전형적 인식, 열린 표현이라 할 수 있다.

(4) 개별적 인식, 열린 표현

네 번째 응답 선택지로 응답할 때는 청자를 하나의 인격체로 인지하고 화자가 개인적인 특성을 이용하여 응답하는 경우이다. 앞에서 상담자와 내담자, 변호사와 고객과의 관계에서 상담자와 변호사는 보통 개별적 인식, 닫힌 표현을 하게 된다고 하였다. 그러나 이들이 서로에 대해 마음을 열고 이야기하는 관계가 된다면 개별적 인식, 열린 표현에 해당하는 응답을 하게 될 것이다.

개별적 인식, 열린 표현은 보통 협력적인 말하기에 국한된다고 생각하기 쉽다. 그러나 개별적 인식, 열린 표현은 관계된 사람들이 반드시 서로 갈등이 없어야 하는 것은 아니다. 가령, 다음 대화는 의견이 일치하지 않음에도 불구하고, 개별적 인식, 열린 표현에 매우 가깝다고 할 수 있다.

예 2-17

남편 : 여보, 잠자기 전에 아이 방 좀 치우지?
아내 : 피곤해. 내일 아침에 할게.
남편 : 하지만 난 아침에 일어나서, 집안이 지저분하면 기분이 안 좋단 말이야.
아내 : 정말? 그러면 직접 하지?
남편 : 좋아. 함께 하는 게 좋겠어. 내가 도와줄게.
아내 : 방 어지러진 게 그렇게 당신을 괴롭혀?
남편 : 그래. 나는 아이 방이 장난감으로 난장판이 되어 있으면 정신이 없어.
아내 : 음. 나는 거기에 익숙해져 있는 것 같아. 우리 아빠는 나 어렸을 때 전혀 신경을 쓰지 않으셨거든.
남편 : 그래. 그러시기도 했겠지.
아내 : 싸우려고는 하지 않았으면 좋겠어.
남편 : 알았어. 싸울 생각은 없어. 내가 이것 치우는 것 좀 도와주었으면 해.

이 대화에서 남편은, 아내가 자신의 견해에 동의하지 않는 것에 대한 느낌과 언짢은 기분을 거리낌없이 말하고 있다는 면에서 아내에 대한 마음이 열려 있다. 게다가, 남편은 그를 화나게 만드는 아내의 말을 너그럽게 받아들이고 있다. 또, 남편은 아내의 개인적 특성에 민감하다.

남편은 아내가 저녁에 쉬고자 하고 아내가 자기 아빠를 옹호한다는 것을 이해하고 있다. 아내 또한 개방적이고 민감하게 응답한다. 남편이 화를 내는 것을 이해하고 남편의 태도를 수용하고 있다.

이상에서 살펴본 4가지 응답 선택지 유형 중에서 개별적 인식과 열린 표현에 가까울수록 열린 태도로 볼 수 있고, 전형적 인식과 닫힌 표현에 가까울수록 닫힌 태도로 볼 수 있다. 태도를 열린 태도와 닫힌 태도 두 가지로 표현했지만 이들은 정도의 차를 나타내는 연속선 상에 놓여 있는 것으로 보아야 한다.

2.2.4 정체성 구성 과정으로서의 태도와 관점

의사소통이 사회적, 문화적, 개인적 관계 연속체의 어느 지점에서 이루어지는지를 정체성 구성 응답 방식으로 알 수 있다. 앞서 제시한 네 가지 응답의 사례는 의사소통이 어떤 유형으로 이루어지는지를 보여준다. 한 사람이 주어진 방식으로 응답할 때, 언어적 요소나 비언어적 요소 등으로 응답이 바뀔 때마다 응답 방식이 달라 질 수 있다. 네 가지 응답의 유형이 고정적이지 않고 응답할 때마다 달라질 수 있는 것은 화자가 관련된 다른 사람들의 응답에 영향을 주고 받기 때문이다. 그리고 의사소통이 진행됨에 따라 각 사람의 정체성 구성 응답은 계속해서 언어적, 비언어적 행위로 반영된다.

판매원이 닫힌 표현을 선택하면 그 판매원은 멀찌감치 서서 반응을 하고 사무적인 어투로 응답을 할 것이다. 그리고 이러한 의사소통 행위는 물건 사는 사람에게 영향을 미쳐서, 당연히 소비자의 언어에도 반영이 될 것이다. 이 과정은 각 사람의 응답이 다른 사람의 응답에 반영되거나 영향을 미치면서 지속될 것이다. 판매원이 처음에는 사무적으로 닫힌 표현을 하다가 개인적인 반응을 하며 열린 표현을 선택하기도 할 수 있다.

▌예 2-18▐

판매원 : 어서 오세요.
고　객 : 저한테 어울릴 만한 투피스 좀 추천해 주실래요?
판매원 : 이 옷 한번 입어보세요. 이 옷은 누구나 좋다고 해요. 색상과 디자인이 잘 나와서 요즘 잘 나가는 제품이에요.
고　객 : 저한테 어울릴까요? (입어본다.) 어때요? 내가 고른 것보다 더 잘 골라진 것 같아요.
판매원 : 이 옷 언니에게 참 잘 어울린다. 언니는 얼굴이 밝아서 화려한 색상의 옷이 어울리네요. 언닌 항상 웃으시나봐요. 제 친척 중에도 언니처럼 웃는 표정을 짓고 사는 사람이 있는데….

(2000년 10월 7일 현대백화점에서)

판매원과 고객 간의 대화에서 판매원이 처음에는 제품에 대한 선전을 하는 차원의 정보 지향적인 발화를 함으로써 닫힌 표현의 응답을 택하다가 마지막 부분에서는 개인적인 친척 이야기를 함으로써 열린 표현의 응답을 하게 되는 경우이다. 이와 같이 청자에 대한 정체성을 어떻게 파악하느냐에 따라 청자에 대한 발화가 달라질 것이다. 청자의 정체성을 파악하는 문제는 청자에 대한 태도를 결정하고 표현을 선택하는데 영향을 미친다.

다음 사례는 안정근(1997)에서 발췌한 것이다.

▌예 2-19▐

[담화상황] 장　소 : 전주 남부시장 노변(야채 판매)
상　인 : 60대 초반 여자
구매인 : 30대 후반 여자와 40대 중반의 그녀의 남편

(중략)

구매인 : 비싼거야. 아줌마! 근게 아줌마가 싸게 줘가지고 이 몸이 좋아지면 아줌마한테 또 오지.
상　인 : 오면 좋지. 이것 이것 붇는디는 그냥 끝내줘.
구매인 : 언니가 어제 애기 낳았는디. 이것 해줄라고 해.

상　인 : 그래 이거 끝내준당게.
구매인 : 잘 좀 해서 줘.
상　인 : 옛날에 우리집 아저씨가 뭐 먹고 체했단 말여. 근디 대소변을 받아냈다 말여. 막 이렇게 부었어. 이렇게. 거짓말 마. 숨을 황소 숨을 쉬고. 근는디 호박에다 거시기 미꾸라지 있잖아. 그것을 히갔고 딴 것은 안 넣고, 속 파내지 말고 미꾸라지하고 이렇게 도려내가꼬, 미꾸라지 거 속에다 넣가꼬, 이 놈을 고와서 주었더니, 이 기름이 둥둥둥 떠. 그 놈을 짜서 이젠 그 물 받치고, 그 속에 있는 또 호박 안에 물이 받치죠. 그 다음에 그 놈을 꼭 쫘서 줬더니 언지 부셨나 힜어. 한 달간을 대변을 받아냈어. 우리 아저씨 등치도 큰 양반이. 등치도 크고 막 허구대도 크고 한 양반도 힛어. 이게 붇는데는 최고 좋아. 내가 호박 팔려고 하는
구매인 : 근게 좋은 지는 아니까 사로왔지. 빨리빨리.
상　인 : 근게 아능게요. 깎으면 못 팔아.
구매인 : 헤이 깎으면 좋겠다.
상　인 : 아니 진짜야. 아니 그 때는 호박도 없을 때여. 꼭 요 때여. 근는디 갖다가 히서
구매인 : 하이
상　인 : 먹였당께. 끼드라는 놈이네. 이렇게 둥근 놈이나 되었까니. 그 때는 육만원이나 주고 갖다 했어. 나는 그 때.
구매인 : 잘해서 줘요. 아줌마. 해. 참.
상　인 : 못해요.
구매인 : 예!
상　인 : 에누리하면 못해, 손님이 못하게끔 해. (상인의 기침소리) 가지 갈려면 주고 글 안 히면 가져 가지 마.
구매인 : 하나도 안 돼요? (남편에게) 못 살랑가봐. 하나도 안 깎아준대.
구매인 남편 : 안 깎아준대?
구매인 : 응.

(안정근, 1997: 312-314 부분인용)

위 예문은 전주 재래시장에서 있었던 가격 흥정의 대화 내용이다. 지

역적인 특성으로 사투리 사용이 빈번한 대화이다. 대화가 이루어지고 있는 장소가 물건을 사고 파는 곳이라는 것을 고려해본다면 사회적 관계인 판매자와 구매자의 관계가 드러나야 할 것으로 예측된다. 그러나 재래시장이라는 특성 때문인지 판매자와 구매자의 관계를 대화 참여자들은 사회적인 관계로만 인식하지 않고 사생활 이야기가 오고가는 개인적인 관계로 인식하여 대화를 하고 있다. 위 예문의 대화는 사회적인 관계가 드러나는 대화라기보다는 개인적인 관계가 드러나는 대화이다. 구매자는 "언니가 어제 애기 낳았는디. 이것 해줄라고 해."라고 말함으로써 개인적인 사연을 털어놓고 있고, 판매자는 "옛날에 우리집 아저씨가 뭐 먹고 체했단 말여."라고 말을 시작하면서 자신의 개인적인 경험 이야기를 털어놓는다. 판매자는 팔고자 하는 상품의 질이나 가격과 같은 상품 자체에 대한 제품 설명보다는 몇 년 전에 경험했던 자신의 집안 이야기를 하고 있다. 마치 낯선 사람끼리의 대화가 아니라 친분 관계가 있는 동네 아줌마들끼리의 대화인 듯한 느낌이 든다.

사회 외적인 조건이라 할 수 있는 사회적 신분이나 지위만이 전형적 인식, 닫힌 표현을 하게 하지는 않는다. 화자의 태도에 따라 표현의 선택이 나타난다. 다음의 예는 같은 학과의 친구 사이에 이루어진 대화 내용이지만 개별적 인식, 열린 표현보다는 전형적 인식, 닫힌 표현에 가까운 응답의 사례이다.

▌예 2-20▐

(시험 공부를 하는 도중에 영희는 친한 친구에게 전화를 걸어서 자신이 결석한 날 노트를 빌리려고 했다.)

영희 : 미애니? 나 영희야.

미애 : 응, 그래 영희구나.

영희 : 응, 나 내일 있을 국어작문 시험에… 벼락공부하고 있는 중이야. 그래서 말인데 내가 빼먹었던 지난 화요일 필기한 것 빌려줄 수 있니?

미애 : 그래. 잠깐만 찾아볼게. … 그래 여기 있어.
영희 : 그래. 지금 바로 얻을 수 있을까?
미애 : 그럼.

이렇게 교환되는 대화는 친한 친구들 사이에서도 일어난다. 여기에서는 요구와 수용이 모두 존재하고 과제가 성취된다. 그러나 의사소통을 하는 것은 개인과 개인간의 일이라기보다는 사회적인 일이라 할 수 있다. 영희는 미애에 대해서 개인적인 것은 말하지 않는다. 단지 국어작문 수업을 함께 듣는 학생으로서의 역할을 인정하고 있다. 미애 역시 같은 방식으로 응답한다. 비록 그들의 우정이 서로의 개인적 특성을 다 좋아하고 있다는 것에 확실히 의존하고 있긴 하지만 그러한 측면들 중 어떤 것도 이 대화에서 나타나지 않는다. 응답 선택지 1, 즉 전형적 인식, 닫힌 표현으로 응답하는 것이다. 그래서 두 사람 사이에서 일어나는 이 의사소통 사건은 개인과 개인간의 일이라기보다는 사회적인 일이다.

또 다른 상황에서, 영희는 개별적 인식, 열린 표현으로 응답하고 미애는 개별적 인식, 닫힌 표현으로 응답할 수도 있다. 이와 같이 어떤 특정의 영역에 속한다기보다는 서로 유동적으로 응대할 수 있기 때문에 한 사람의 정체성이 사회적, 문화적, 개인적 연속체의 어느 지점에 정확히 위치한다고 말하기 어려운 면도 있다. 그러나 두 사람이 모두 전형적 인식, 닫힌 표현으로 응답할 때, 그들 사이의 의사소통은 연속체의 왼편쪽 어딘가에서 끝나게 될 것이다. 그리하여 닫힌 태도가 나타날 것이다. 반대로 대화 참여자들이 개별적 인식, 열린 표현으로 응답할 때 그들 사이의 의사소통은 연속체의 오른쪽 어딘가에서 끝나게 될 것이다.[21)]

21) 개별적 인식, 열린 표현을 하버마스가 주장하는 이상적인 언어 상황으로 간주할 수는 없다. 그러나 이상적 언어 상황에 근접한 것으로 볼 수는 있을 것이다. 하버마스는 대화에서 진정한 합의에 도달하는 것을 목표로 하고, 또한 그것을 가능하게 하는 담론은 이상적 언어 상황에서만 이루어질 수 있다고 규정하고 있다. 이상적 언어 상황이란 담론에 참여한 사람들 사이에 의사소통적 교환을 방해할 아무런 장애가 없는 상황을 의미한다. 하버마스가 가정하고 있는 이상적 언어 상황이란 현실

그리하여 열린 태도가 나타날 것이다. 그리고 네 가지 응답 선택지의 어떤 조합을 선택하느냐에 따라 대화에서 청자에 대한 화자의 태도가 설정될 것이다.

이것은 정체성 구성 응답이 어떻게 대화 참여자들 간의 의사소통의 질에 영향을 미치는가를 보여준다. 일반적으로 옳거나 틀린 선택을 하는 사람은 아무도 없다. 단지 효과적인 표현을 선택하는 문제가 남아 있을 뿐이다. 더욱이, 의사소통이 사회적, 문화적, 개인적 연속체 위에 있는 지점을 100% 통제할 수가 없지만, 응답에는 차이가 있다. 일반적으로 의사소통을 연속체의 왼편(사회적인 부분)으로 움직이기를 원할 때, 전형적 인식, 닫힌 표현에 더 가까운 정체성 구성을 하는 것이 도움이 될 수 있다. 의사소통을 연속체의 오른편 쪽으로 움직이기를 원한다면, 개별적 인식, 열린 표현 쪽에 더 가깝게 정체성 구성을 하도록 시도해 보는 것이다.

일반적으로 사람들은 어려서부터 몇 가지 말하는 습관이나 고정된 패턴을 배우고 자신도 인식하지 못하는 사이에 성인이 될 때까지 그것이 몸에 배어서 새로운 정체성 구성을 어렵게 할 수도 있다. 습관이나 고정된 패턴으로 반응을 한다면 그것은 반사 행동에 더 가깝다. 이는 응답 유형을 선택하는 것과는 거리가 멀다. 가령, 어떤 사람은 자신의 고정된 패턴들 가운데 하나로 자기를 통제할 수 있는 힘을 지닌 사람 즉 고용주, 교수, 또는 집단의 지도자 등과 같은 사람을 처음으로 만나고 있을 때, 전형적 인식, 닫힌 표현으로 늘 응답할 수 있다. 또는 어떤 사람은 친구들에게 전형적 인식, 닫힌 표현으로 대하는 것에 더 편안함을 느낄지도 모른다. 특히 상대의 문제에 대한 얘기는 들어주지 않고 늘 자신의 문제만 이야기하는 친구와의 관계에서는 전형적 인식, 닫힌 표현이 더 편안하고 효과적인 응답일 수 있다. 또는 청자가 개별적 인식,

---

적으로 존재하지 않는 유토피아에 지나지 않는 것이라는 비판을 제기하기도 한다 (이상화 외, 1992: 320).

열린 표현으로 더 개방적이고 더 개인적으로 응답하리라고 기대하는 경우도 있을 것이다. 이 모든 상황에서, 대화 참여자들은 자신의 선택권이 별로 없어 보인다고 생각할지 모르겠다.

그러나 단순히 반사 행동을 하기보다는 응답하는 능력을 다시 한번 환기[22)]할 필요가 있다. 누구나 익숙해진 습관이나 고정된 패턴이 있음에도 불구하고, 만일 필요하다면 약간의 변화를 이루어낼 수 있을 것이다. 정체성을 구성하는 것은 생활의 과정이다. 삶의 과정은 끊임없이 진행되고 변화하고 있으므로 새로운 선택을 실험해 볼 수 있다. 이러한 노력은 의사소통을 사회적, 문화적, 개인적 관계 척도의 방향으로 의도적으로 움직여가게 할 것이다.

화자 자신이 개인으로서 누구인가를 드러내고 다른 사람을 하나의 친숙한 개인으로서 인식하는데, 청자는 여전히 화자를 사회적 역할의 여과기로만 대할 때 대화 상의 불일치가 생긴다. 다시 말하면, 화자는 개별적 인식, 열린 표현을 선택하지만 상대편은 전형적 인식, 닫힌 표현을 선택할 때 서로에게 상처를 주는 대화가 될 것이다. 또는 적어도 그것은 좌절이나 갈등을 겪게 하는 일이 될 것이다. 앞에서도 언급했듯이, 의사소통은 화자와 청자 사이에서 상호적으로 일어나는 협력적인 행위이다. 이것은 대화를 한 개인만으로는 통제할 수 없음을 의미한다.

의사소통의 질은 둘 이상의 대화 참여자들 사이에 선택하는 응답의 유형에 의해 영향을 받는다. 청자의 전형적 인식, 닫힌 표현에 맞서서, 만일 화자가 개별적 인식, 열린 표현으로 응답을 계속한다면, 이것이 청자의 응답에 영향을 미치게 될 것이다. 화자가 청자를 한 인격체로서 인식하고 있다는 것을 보여줄 때, 그것은 청자가 화자를 어떻게 인식하는가에 영향을 끼칠 수 있다. 그러나 화자가 청자의 응답을 결정할 수

---

22) 태넌(Tannen)은 대화 상대자의 대화 방식을 알고 자신의 대화 방식을 바꾼다면 더 많은 친구를 사귈 수 있다고 본다. 또 다른 사람의 성격과 행동이 절대적인 것이 아니라는 사실을 깨달아야 한다고 강조하고 있다(이용대 역, 1992: 214).

는 없다. 중요한 점은 대화 참여자들은 인간과 인간 사이에 이루어지는 의사소통을 일방적으로 발생하게 할 수는 없으며 대화 참여자 각자가 응답에 조력할 수 있을 뿐이라는 사실이다.

정체성 구성 과정으로서의 응답을 네 가지 유형으로 제시하였는데 이는 청자에 대한 태도의 문제와 관점을 선택하고 표현하는 것과 관계가 있다. 청자를 어떤 사람으로 보느냐 즉 청자의 정체성을 무엇으로 인식하느냐에 따른 다양한 응답의 형태는 곧 관점의 선택에 주요한 영향을 미치는 것이다. 청자 지향적 관점을 택할 것인가 말 것인가를 결정하는 데 영향을 미친다.

동일한 상황이더라도 청자에 대한 정체성 구성에 따라 각기 다른 표현이 나타날 수 있다. 다음 예는 학과 조교인 김철수와 선배인 최주희 사이의 대화 내용이다. 같은 상황이지만 청자에 대한 정체성 구성에 따라 표현이 달리 나타나는 경우를 극명하게 보여 주고 있다.

예 2-21

철수 : 주희 누나 왔어요?
주희 : 철수야 논문 심사본 언제까지 내면 되니?
철수 : ○월 ○일까지요
주희 : 그래 호주는 잘 다녀 왔어?

예 2-22

철수 : 안녕하세요? 선생님.
주희 : 김 선생님, 논문 심사본 언제까지 내면 되나요?

예 2-23

철수 : 주희 누나 왔어요?
주희 : 김 선생님, 논문 심사본 언제까지 내면 되나요?

예 2-24

철수 : 안녕하세요? 선생님.

주희 : 김 선생님, 논문 심사본 언제까지 내면 됩니까?
철수 : 말씀 놓으세요. 한참 후밴데요(후배인데요) ○월 ○일까지입니다.
주희 : 그래 호주는 잘 다녀왔어?

(예 2-21)은 친분이 있는 개인적 관계로 대화를 이끌어 가는 경우이고 (예 2-22)는 사회적인 관계로 대화를 이끌어 가는 경우이다. 두 예문 중 어떤 표현을 할 것인지 선택하는 문제는 서로의 관계를 어떻게 파악하느냐는 문제와 밀접한 관련이 있다. 즉, 화자와 청자 상호간의 정체성 구성에 따라 표현 선택이 달리 이루어질 것이다. (예 2-21)과 (예 2-22)에서 대화 참여자들 사이에 상대에 대한 정체성 구성은 일치하고 있고 상대에 대한 태도에 따른 표현의 선택도 어울리는 반응을 하고 있다. 그러나 (예 2-23)에서는 대화 참여자들 사이에 정체성 구성과 태도 선택이 일치하지 않고 있다.[23] 철수가 청자인 주희에 대해 파악한 태도는 친분관계가 있는 선후배관계이어서 친분관계가 있는 개인적인 관계로 대화를 하려는 의도를 표현하고 있지만 주희는 사회적인 관계로 상대방을 파악하고 있다. 그 결과 다음에 이어질 철수의 응답은 아마도 사회적 관계로 파악하는 반응을 보이기 쉬울 것이다. 반면에 (예 2-24)에서 철수는 "말씀 놓으세요"로 새로운 관계를 제안하여 사회적 관계의 대화에서 개인적 관계의 대화로 전환을 이루고 있다.

이상에서 살펴 본 바와 같이 대화 상대자인 청자에 대한 정체성과 화자와 청자 상호간의 관계에 대한 정체성, 그리고 변화를 구성하는 과정으로서의 정체성은 표현의 태도를 결정하는데 큰 영향력이 있음을 알 수 있다.

---

23) (예 2-23) 대화에서 주희는 청자와 공식적인 관계를 유지하거나 거리감을 두고 싶다는 신호를 알리기 위해 존댓말을 써서 표현했을 가능성도 있다.

2.3 태도와 관점의 관계

2.2에서 살펴본 말하기 태도에 근거하여 표현을 할 때, 화자는 일정한 관점을 선택하게 된다. 이 절에서는 태도와 관점의 관계를 살펴보고자 한다.

2.3.1 관점의 개념

대상을 어떤 관점에서 바라보느냐에 따른 정보 제시 방법의 한 전략으로 관점 선택(perspectivization)[24]을 들 수 있다. 관점(perspective)[25]이라는 용어는 어떤 정보를 어떤 시점(point of view)에서 기술할 것인가를 결정하는 문제와 관련이 있다. 영화 기술에 비유하여 보자면 카메라의 위치를 일컫는 것이라고 할 수 있다.

관점(perspective)이라는 용어는 예술분야인 미술에서 유래한 용어이다. 미술에서 '관점'은 그림을 그릴 때 예술가가 그리고자 하는 대상물을 바라보는 투시법을 가리키는 용어이다. 이를 표현 활동에 적용하여 정의를 내리자면, 관점[26]이란 화자가 제시하고자 하는 바를 바라보는 입장이나 생각하는 방향이다. 또한 관점 선택이란 화자가 자신의 감정이나 평가에 근거하여 말하고자 하는 방향을 선정하는 것이다. 전달하고자 하는 정보는 같다 하더라도 청자에 대한 태도나 이야기 대상에 대한

---

24) 이원표 역(1997: 232)에서 'perspectivization'을 '시각화'라고 번역하고 있으나 이 용어의 번역은 고려해 볼 필요가 있다. 보이지 않는 현상을 눈에 보이는 것처럼 표현한다는 의미인 visualization과 혼동될 우려가 있기 때문이다. perspectivization을 '관점 선택, 관점 정하기'로 번역하는 방안을 제안하고 본고에서는 '관점 선택'이라는 용어를 사용하겠다.

25) 1장의 연구사에서도 밝혔듯이 관점이란 시점, 인식, 태도의 개념으로 쓰이기도 한다.

26) 국립국어연구원(1999) 표준국어대사전에 의하면, 관점이란 "사물이나 현상을 관찰할 때, 그 사람이 보고 생각하는 태도나 방향 또는 처지"라고 정의 내리고 있다. 즉, 관점이란 사물을 관찰하거나 판단하는 입장이라고 정의를 내리고 있다.

태도에 따라 화자의 관점 선택이 달리 나타난다. 다음 예를 살펴보자.

예 2-25

잠깐!
새싹이 나오고 있으니,
제발 밟지 마세요!
밟으면 저는 죽고 말아요

–잔디 올림– (서울대학교 잔디밭 푯말 중에서)

예 2-26

잔디밭 들어가지 마시오.

위에서 제시한 (예 2-25)에서 화자[27]는 화자가 잔디 자신인 것처럼 표현함으로써 청자에게 잔디를 밟지 말라는 명령을 공손하게 표현하는 방법을 택하고 있다. (예 2-26)이 잔디밭을 밟지 말하는 정보 전달과 명령 위주의 표현이라고 한다면 (예 2-25)는 청자의 공감을 유발하고자 하는 의도로 이야기의 대상인 잔디가 직접 말하는 방식을 택하고 있다. 정보 전달만을 목적으로 한다면 (예 2-26)으로도 충분한 표현이 될지 모른다. 그러나 굳이 (예 2-25)와 같은 표현을 선택하는 이유는 무엇인가? 청자를 표현의 방식에 관여하는 요인으로 인식했기 때문에 나타난 현상일 것이다.

본고에서는 말하기 태도의 결과물과 관련된 개념으로 관점을 사용하되 청자를 고려하는 표현 방법으로 한정하기 위해 '청자 지향적 관점'이라는 표현을 쓸 것이다. 청자 지향적 관점이란 화자가 청자를 배려하는 태도에 따라 자신의 감정이나 평가에 근거하여 말하고자 하는 방향을 설정하는 것이다.

관점 선택을 하는 방법은 여러 가지가 있을 수 있다. 그 중 청자의

27) 문맥을 고려할 때 화자, 청자라는 용어는 엄격하게 말하면 필자와 독자가 되겠지만 예문의 표현을 대화와 관련하여 논의하기 위하여 메시지에 초점을 두고 화자와 청자라는 용어를 사용하였다.

관점을 이해하고 화자가 전달하고자 하는 바를 최대한 잘 전달하기 위해 청자 지향적인 관점을 선택할 수 있다. 청자 지향적인 관점의 선택은 보다 나은 인간 관계를 유지할 수 있는 말하기 방법이다. 청자의 관점으로 생각을 하고 이를 표현하게 되면 효과적인 의사소통을 하기 쉽다. 관점은 화자와 청자가 상호 협력적으로 의미를 구성할 때 형성되는 것이므로 고정되어 수행된다기보다는 청자와의 접촉을 통해 구성된다고 할 수 있다. 그러므로 성공적인 의사소통에서 다른 사람의 관점을 취하는 능력이 전제되어 있다 하더라도 다른 사람의 관점을 취하는 방법을 배우는 가장 좋은 방법은 대면하여 의사소통을 하는 것이다

화자를 강조하는 기존 이론과는 대조적으로 청자 요인을 강조하는 청자 지향적 관점의 말하기에서는 청자를 고려하여 관점 선택을 의도적으로 하게 됨을 주목하게 된다. 사회적 인지(cognition), 사회적 의사소통, 사회적 상호 작용 등과 관련있는 사회 심리학 이론에 근거하여 관점을 이해하는 것이 바람직하다.

2.3.2 상황과 관점

이야기의 상황과 관점의 선택 문제와의 관련성을 살펴보기 위해 상황에 맞지 않는 관점으로 이야기가 단절되는 사례를 먼저 살펴보면 다음과 같다. 이를 통해 관점 선택에 있어 상황 고려의 중요성이 논의될 수 있다.

| 예 2-27 |

<발음상 오해>
1영희 : 혜진아, 너 머리핀 참 예쁘다!
2혜진 : 고마워(웃음)
3영희 : 새로 장만했나봐. 진짜 예쁘다. 깔끔하고…
4혜진 : 응, <u>공주갔다가…</u> [공주가따]

5영희 : 그래, 정말 공주같다!
6혜진 : 그게 아니라, 저번에 공주갔을 때 산 거라구.
7주위의 친구들 : (모두들 크게 웃음)
8영희 : 아…그렇구나!(부끄러움)

(2000년 4월 서울여대생 대화 중에서)

(예 2-27)은 실제 대화의 상황으로 '공주 갔다'라는 어휘의 상이한 해석이 불러일으킨 비교적 간단한 대화의 오해를 문자로 기술한 것이다. 위 예문에서 1영희는 친구의 새로운 물건에 관심을 보이면서 대화를 시작하고 있다. 해당 물건에 대한 서로의 언급 중 '공주 같다가'라는 말을 영희가 잘못 이해함으로써 대화가 원활하게 진행되지 못하고 있다. 영희는 혜진이의 머리핀을 칭찬하려는 관점을 취하고 있기 때문에 혜진이가 머리핀을 사오게 된 경위를 이야기하는 '공주 갔다'를 '공주 같다'로 잘못 이해하고 있다. 대화 참여자의 관점에 따라 달리 해석하고 이해하게 되는 대화의 상황을 극명하게 드러내 보여주는 사례이다. 혜진이가 발언한 '공주 갔다'의 의미는 공주라는 지역에 내려갔을 때를 의미하는 것인데, 영희는 '아름다운 여성을 상징하는 공주'와 비슷하다는 의미로 받아들이고 있다. 물론 이를 문자화했다면 이런 오해는 발생하지 않았을 것이다. 하지만 구어에서 '갔다'와 '같다'는 발음상 동일하며, 혜진이의 어조가 끝으로 갈수록 낮아지고 약해졌으며, 대화에 집중할 수 없었던 이유, 즉 주위 친구들의 웃음소리 등도 한몫 했을 것이다. 그러나 대화 참여자의 관점 또한 중요한 요인이 되었다고 할 수 있다.

다음의 대화는 질문이 누구에게 한 것인지 모호한 상황으로 대화 참여자의 관점이 각기 다르게 작용한 사례이다.

▌예 2-28▐

<질문, 답변 간의 대화의 장애>
1영희 : 오늘 독일 문화원에 가야 되니?

2철수 : 왜? 오늘 안 가는 날이야?
3영희 : 아니, 지금 너한테 물은 거야.

(2000년 6월 이웃집 누나와 동생과의 대화)

영희의 관점에서는 철수가 독일 문화원에 가는지 여부에 관심이 있다. 그러나 철수의 관점에서는 영희인 누나가 독일 문화원에 가고 싶지 않다는 표현을 한 경우로 1영희 표현을 받아들이고 있다. 그 결과 둘 사이에 표현과 이해의 불일치가 나타나고 있다.

다음은 대화 참여자가 동음의 어휘를 제각각 다른 관점으로 바라보고 있어 대화에 오해가 생긴 상황이다.

예 2-29

A : 지현아! 너 그거 발톱에 화이트 바른 거지?
B : 어, 맞아.
A : 대단하다. 그걸 바를 생각을 다하고…
B : 어, 왜? 화이트면 안 돼?
A : 당연하지, 화이트는 필기할 때 쓰는 거잖아.
B : 아, 그 화이트? 난 또 하얀 색 바르면 안 된다고…

(2000년 5월 3일 지하철 승객의 대화 중에서)

대화 참여자가 던진 말 속에 중심이 되는 한 단어를 상대방이 잘못 이해함으로써 대화가 매끄럽지 않게 되는 경우가 있다. 이 대화에서 '화이트'라는 한 단어를 대화자들이 각기 다르게 해석하고 있다. A는 필기도구인 화이트로 생각하고 B는 하얀색을 일컫는 외래어로 생각을 하고 대화에 임하고 있다. 한 단어에 대하여 각기 다른 관점을 취하고 있음을 알 수 있다. 그러나 대화가 진행됨에 따라 각기 달랐던 관점이 회복을 하게 된다.

화자는 자신이 사용한 어휘의 의미를 청자가 자신과 똑같은 뜻으로 받아들일 것이라는 가정을 한다. 그러므로 화자의 가정이 말하는 것에 어떻게 영향을 미치는지를 주목함으로써 청자와 벌어지게 되는 관점의 차이를 극복할 수 있다.

다음의 경우도 유사한 사례이다.

예 2-30

1A : 이렇게 작은 베개를 아직도 가지고 있어요?
2B : 응, 조카 오면 줄려고.
3A : 다들 베개 있을 텐데요?
4B : 아니… 추석, 설에는 우리 집에 놀러와서 자고 가잖아.

(1999년 10월 30일 가족과의 대화 중에서)

조카들이 잠시 베개를 사용할 수 있게 한다는 의미로 "조카 오면 준다"는 2B의 말을 3A는 조카에게 선물로 준다는 말로 받아들이고 있다. 2B에서 "줄려고"의 의미는 4B에 와서 "조카들이 놀러와 자고 간다"는 말로 B의 관점이 간접적으로 드러나면서 "주다"의 의미를 A가 이해하게 된다.

문화적 배경이 달라서 관점이 달리 나타나고 대화의 오해가 생기는 경우도 있다.

예 2-31

축제 기간이었다. 집이 전주인 영희는 서울에 올라온 지 얼마 되지 않아 조금은 우울하게 지내고 있었다. 그럴 즈음, 전주에 있는 고등학교 친구 미애에게서 연락이 왔다. 미애가 서울에 올라온다는 소식을 접한 영희는 매우 기쁜 나머지 흥분된 상태에서 오는 길을 가르쳐 주었다.

영희 : 너 정말로 오는 거야?
미애 : 당연하지! 내가 왜 더운 밥 먹고 싱거운 짓 하겠냐?
영희 : 너 기차 타고 오니?
미애 : 어, 아마 1시쯤 도착할 거야. 근데 너희 학교 어떻게 가니?
영희 : 먼저 3번 출구로 나와. 그러면 '피자헛'이 보이는데, 그쪽으

로 조금만 걷다보면 학교 셔틀버스 타는 곳이 있을 거야. 그거 타고 오면 돼. 내가 마중 나가 있을 게.

미애 : 그렇군…. 그럼 그때 보자. 꼭 마중 나와 있어야 해!

(이것이 첫 번째 전화 통화 내용이다.)

(1시 30분 경, 영희는 서서히 마중 나갈 준비를 하고 있었다. 그런데 그 때 다시 전화가 왔다.)

미애 : 야, 어떻게 된 거야! 3번 출구로 나왔는데, 너희 학교 셔틀버스 같은 건 없데.

영희 : 어, 이상하다… 너 3번 출구로 나온 거 맞아?

미애 : 맞다니까. 남대문 방향… 3번 출구.

영희 : 어! 너 거기 무슨 역이야?

미애 : 어디긴 어디야! 서울역이지.

영희 : 세상에…! 전철 타고 서울대 입구 역까지 와야지. 거기서 3번 출구로 나오란 말이었는데.

미애 : 그럼 진작에 그렇게 말했어야지. 괜히 고생만 했네. 알았어. 그렇게 갈게.

영희 : 미안해.

(영희와 미애의 전화 대화 내용 중에서)

이 대화에서는 서울 지리를 잘 모르는 친구 미애의 입장을 고려하지 못한 영희의 발언에 잘못이 있다. 청자의 문화적 사전 지식을 고려하지 못한 표현 때문에 두 사람이 생각하는 전제가 달랐다. 그 결과 두 사람 사이에 의사소통의 괴리가 발생한 것이다.

대화할 때 일정한 의사소통적 효율성을 유지할 수 있는 것은 화자로서의 기능을 제대로 수행하고 있어서만이 아니라 청자로서의 기능도 제대로 수행하고 있기 때문이라고 김진우(1994: 291)에서 밝히고 있다. 이런 의미에서 대화란 화자와 청자가 같이 만들어내는 하나의 합작품이다. 보통의 경우는 위에서 살펴본 예와 같이 즉각적인 반응으로 화자와 청자가 공유하지 못하는 상황에 대한 관점이 일치할 수 있도록 조정하게 된다. 그러나 이러한 조정 과정을 거치지 않고 오해를 하게 되는 경우도 비일비재하다. 화자의 말도 문제이지만 청자의 심리 상태나 청자의 문화를 화자가 공유하지 못해서 발생하게 되는 오해가 존재하기 마련이다.

이상에서 살펴본 바와 같이 관점이 달라서 발생하게 되는 대화의 괴리와 단절, 오해는 상황이 진전됨에 따라 관점의 일치를 찾아가게 된다.

2.3.3 태도와 관점

2.2에서 '정체성 구성하기'의 문제로 화자와 청자의 관계 속에서 태도의 문제를 논의하였다. 여기에서는 대화 참여자들의 관점이 다른 경우와 관점이 일치하는 경우를 태도와 관련하여 살펴보고자 한다. 화자와 청자의 관계 속에서 태도가 관점 선택을 좌우하기도 하지만 관점이 태도를 좌우하기도 한다. 태도와 관점의 관계는 일방적인 영향 관계가 아니라 상보적인 영향 관계에 놓여있다고 할 수 있다.

먼저 관점이 일치하지 않는 경우에 드러나는 대화의 태도를 살펴보도록 하겠다.

▌예 2-32▐

(초등학교 1학년 학생인 정호는 동생들과 이 방 저 방을 돌아다니며 놀고 있는 상황에서 정호의 부모인 송이와 상혁이 대화를 하고 있다.)

1송이 : 차 한잔 줘 하니까 달랑 차 한잔 주더래. 그래도 박박 기잖아. 권력에 약한 아줌마가 있잖아. 내가 저번에 소풍을 갔는데…

2상혁 : 아만 [아이들에게만] 딱가리가 있는게 아니라 어른도 딱가리가 있어.

3송이 : 그 아줌마 남편이 엔지니어야. 누비라보다 좋은게 뭐지? 레간자도 몰고 다녀. 버스를 타고 가는 아줌마는 정해져 있어.

4상혁 : <u>정호가 안들을 것 같애?</u>

5송이 : 안 듣지.
6송이 : 그래가지고. 나는 타고 갔는데 미안하니까 도시락 반찬도 들어주고 물통도 들어주었다↗. 그 아줌마가 무거워 죽겠네 그래.
7상혁 : 정호야 공부 좀 해라.
8정호 : 예.
(상혁에게 눈치를 하는 송이)
9상혁 : 정호야 엄마가 오늘은 공부하지 마란다.
10송이 : 아 갔는데 낑낑 대고 다 들어주면서 갔다↗. 변호사 와이프를 보더니만 힘드시죠? 애들 수발들고 얼마나 힘드시겠어요. 가방 주세요, 제가 들고 갈게요. 가방을 벗겨가지고 맬려고 하는 거야. 기가 차서. 내가 맨다고 괜찮다고[28]… 지 무겁다고 남들에게 다 맡기고 그 집 남편이 변호사니까. 권력에 약해. 부자야.
11상혁 : 그 입장이 돼봐 잘 보여야되는 이유가 있을 거 아니가. 단순하게 생각하지 말어 뭔가 이유가 있을 거라구
12송이 : 굉장한 부자야.
13상혁 : 관계가 있는 사업을 한다든지 이유가 있지.

(2001년 1월 1일 가족과의 대화 중에서)

위 예문은 가족이 둘러앉아 대화를 하는 상황에서 송이가 말의 주도권을 잡고 대화를 이끌고 있는 경우의 예이다. 변호사 부인에게 잘 보이려고 하는 아줌마에 대한 비난을 하고 있는 송이의 관점에 상혁은 4, 7, 11, 13 등에서 여러 차례 제동을 건다. 송이가 화제로 삼고 있는 아줌마는 아들 친구의 어머니이다. 그래서 만약 아들 정호가 이 대화 내용을 듣게 된다면 교육적으로 좋지 않을 것이라는 상혁의 관점은 그의 발화에 영향을 미친다. 4와 7처럼 정호가 들을까봐 걱정이 된다는 관점을 드러내기 위해 "정호가 안 들을 것 같애?"라는 질문을 한다거나 "정호야 공부 좀 해라" 등으로 정호가 부모들과 같은 공간에 있지 못하게

---

28) 변호사 부인 자신이 가방을 매겠다는 의미

하려는 발언을 하게 된다. 또 11에서 상혁은 “그 입장이 돼봐 잘 보여야 되는 이유가 있을 거”라고 말함으로써 송이의 관점과는 다른 관점으로 변호사 부인에게 아부하는 아줌마를 생각해 보도록 유도하고 있다. 상혁은 개인의 행동을 단순하게 비난하는 관점에 동조하는 것이 아니라 그 행동을 정당화할 이유가 있기 마련이라는 관점을 취하고 있다. 상혁은 송이보다 우위에 있는 태도를 취하면서 자신의 관점을 고수하기 위해 11의 말을 부연하여 13에서 다시 강조하고 있다. 위에서 살펴본 바와 같이 관점을 달리 표현하려는 의도는 4와 7발화와 같이 화제에 대한 관심도를 전환하는 형태나 11발화와 같이 상대방의 말에 반론을 제기하는 형태로 드러난다.

화제에 대한 관심도를 전환하는 형태의 발화는 다시 두 가지로 나누어진다. 첫째는 화제를 전환하여 잠시동안 옆가지로 가는 발화인 듯이 보이다가 곧 중심 화제로 되돌아오는 경우이고 둘째는 말의 주도권이 바뀌어 화제가 완전히 전환되는 경우이다.

상대방의 말에 반론을 제기하는 형태는 세 가지로 나누어진다. 첫째, 직접적인 반론을 제시하여 자신의 관점을 관철시키는 유형이다. 둘째, 간접적인 반론을 제시하여 직접적인 의견 충돌을 피하면서 화자의 관점을 고수하는 유형이다. 셋째는 관점이 달라서 대화 참여자들의 직접적인 상호 작용이 부족하게 나타나는 경우이다. 그 결과 평행적인 입장을 고수하는 대화 유형이다.

다음 예는 대화 참가자들 사이에 관점이 달라 화제에 대한 관심도를 전환하고 그 결과 중심 화제가 완전히 전환된 경우이다.

▌예 2-33▐

(골프채를 휘두르면서 골프연습)
1명희 : 저러다가 등 깨는 거 아냐?
2송이 : 옆집 아저씨 등 깼잖아. 상들리에를 깨버렸어. 자기집도 아닌 전셋집에서.
정호 아빠랑 시작한 사람 있다고 했지? 같이 연습하는 거.
3명희 : 정말 이 집은 깰 것이 많아. 돈이 얼마…
4송이 : 오빠도 해야지.
(송이의 오빠는 명희의 남편이다.)
5명희 : 저거 있잖아 퍼즐.
6송이 : 미국에서 해 온 거야.
7명희 : 미국에서 해 온 거예요?
8송이 : 500피스
9명희 : 어떻게 맞춰? 어디다 맞춰?
10상혁 : 맞춰 가지고 그 다음에 표구하러 갈 때에는 어떻게 들고 갔더라?
11송이 : 당신 어떻게 했어? 난 몰라.
12상혁 : 상위에다 나무판 박스같은 거 놓고 맞춰 가지고 고대로 [그대로] 들고 갔어.
13명희 : 종이에다 맞추어서 어떻게 들고 가냐 말이야.
14상혁 : 판넬을 그대로 들고 갔던 것 같애. 표구상에서는 해줬어.
15명희 : 안 흐트러지게 잘 하나?
16상혁 : 장난이 아니라니까.

(2001년 1월 1일 가족과의 대화 중에서)

위 예문의 앞부분에서 송이와 명희는 자녀 교육에 들어가는 '돈 문제'를 논의하였다. 돈에 관련된 문제를 바라보는 관점이 서로 달라 명희가 '골프 연습의 위험성'으로 화제를 바꾸었다. 4송이에서 "오빠도 (골프) 해야지" 라고 얘기함으로써 명희네 집의 돈 문제가 또 논의되자 5명희는 '퍼즐 이야기'로 화제를 바꾸고 있다. 돈에 관련된 문제를 바라보는 관점이 달라 돈 문제에 대한 논의를 피하려는 의도가 5명희에서 화제의 전환으로 나타나고 돈 문제는 거론되지 않는 방향으로 논의가 전개된다.

다음으로 대화 상대방의 말에 반론을 제기하는 형태로 (예 2-32)와는 달리 간접적인 반론을 제시하여 화자의 관점을 드러내는 경우가 있다. 간접적인 반론을 제기하는 경우는 화제와 관련이 있지만 중심 화제 내용을 반박하는 차원이 아니라 화제의 곁가지에 대한 관점을 제시함으로써 드러난다. 동의를 해 주는 것처럼 논의하다가 끝에 가서 자신의 관점을 드러냄으로써 반론을 제기하는 형태가 있다. 다음 예가 이에 해당하는 경우이다.

▌예 2-34▐

1영기 : 안타까워 세상의 모든 가치가 권력과 돈이 되버리니까
2상혁 : 부귀지. 부귀영화지. 뭐.
3송이 : 그러네 부귀네. 돈이네
4상혁 : 그 다음에 공부야. 공부. 명예라고 할 수도 있는데 신부님이나 목사님이나. 어떤 면에서는 명예라고 할 수 있어. 부귀야 부귀 딴 거 없어요.
5영기 : 그게 가슴 아프다는 거지.
6상혁 : <u>부귀 없이도 행복할 수 있어요.</u>
7송이 : 생각하기 나름이라 이거지
8상혁 : <u>현자와 강자와 부자 얘기 해줬잖아. 강자는 자기 자신을 이길 수 있는 사람이고 부자는 만족함을 아는 사람. 정주영이 부자냐. 부자 아니야.</u>
9송이 : 만족을 못한다. 논리는 그렇네.
10상혁 : 사람들이 부귀 앞에 약해질 수밖에 없어.

(2001년 1월 1일 가족과의 대화 중에서)

1영기는 세상의 모든 가치가 권력과 돈이 되어버렸다는 사회적 현상을 안타까워하고 가슴 아파하고 있다. 이에 반해 10상혁은 세상 사람들이 부귀 앞에 약해질 수밖에 없다는 현실을 수긍할 수밖에 없다는 관점을 취하고 있다. 이렇게 상이한 관점을 드러내고 있으나 6, 8에서 상혁은 영기의 관점을 동조할 수 있는 근거를 제시한다.

대화의 화제는 그대로 유지하면서 관점이 달라 상호 작용이 분리되어 일어나는 경우도 있다. 다음 예문의 대화는 딸, 사위의 관점과 아빠, 엄마의 관점이 각각 평행선을 그리며 전개되는 경우에 해당한다.

┃예 2-35┃

1딸 : 이런 거 개발해서 미국에 수출해야겠네. 미국인들은 매운걸 못 먹으니까.

2사위 : 백김치는 진짜 좋아. 서양인들도 먹을 수 있는…

3딸 : 근데 발효 음식은 한번 입맛 들면 찾는다고 하데. 우리가 치즈 먹기 어려운데 한번 입맛 들면 계속 맛있어서 먹듯이.

4아빠 : 감초가 들어가서

5엄마 : 감초를 넣어야 더 좋지.

6아빠 : 한약에 감초 안 들어가는 것 없어. 나서는 사람을 약방에 감초같이 나선다고 하잖아.

7엄마 : 다른 사람은 단 것을 넣거든. 안 넣을려고 감초를 넣었어. 배를 좀 갈아서 넣어.

8사위 : 수출 좀 했으면 좋겠어. 이런걸 개발해서 미국에 수출해야 해.

9엄마 : 한 단지 담아서 하영이에게 줬더니 먹는지 어쩐지 "어머니 김치 참 맛있어요" 하더라구.

10딸 : 공장을 하나 만들어.

11사위 : 공장 많아. 백김치 공장을 만들어야지.

12딸 : 콜김치 [쿨김치를 의미하는 듯], 핫김치 아니고.

(2001년 1월 13일 부모와 딸, 사위의 대화 중에서)

사위와 딸은 백김치 공장을 만들고 백김치를 수출할 것에 관심이 있고, 아빠와 엄마는 백김치를 만드는 방법이나 백김치에 관련된 생활상에 관심이 있다.

이상에서 살펴본 사례들은 관점이 다를 경우에 나타나는 대화 양상이다. 반대로 관점이 같을 경우에 나타나는 대화 양상을 살펴보면 다음과 같다.

┃예 2-36┃

1갑 : 그 다음에 가야 되나봐

2을 : 아 좀 지나서요?

3갑 : 7년이야.
4을 : 벌써 그렇게 됐어요?
5갑 : 과정이 7년이야. 이제 4년 됐어.
6을 : 아아! 흐흐. 대개 좋은, 뭐랄까? 좋은 길인 거 같애요. 그것도
7갑 : 지도 열심히 하고. 근데 좋은 일이기도 한가봐. 일도 잘 풀리고. 국제 한국어학교 학생수도 많아져서 월급도 오르고.
8을 : 완전히 전문가이면서. 다른 사람과 비교도 안되고…
9갑 : 아주머니 하는 거 하고는 다른가봐.
10을 : 예 예.
11갑 : 네 길은 그 길이다. 나이 40되어서.

(2001년 4월 16일 전화통화 중에서)

갑은 자기 동생의 진로에 대해 화제를 삼아 을과 대화하고 있다. 6, 8에서 을의 관점을 갑은 7, 9에서 동의하면서 갑과 을은 같은 관점을 취하고 있다.

다음 예문도 같은 관점을 취한 경우이다.

▌예 2-37▐

1상혁 : 그 입장이 돼봐 잘 보여야되는 이유가 있을꺼 아니가. 단순하게 생각하지 말어 뭔가 이유가 있을 거라구
2송이 : 굉장한 부자야.
3상혁 : 관계가 있는 사업을 한다든지 이유가 있지.
4송이 : 아아↗. 그러니까
5상혁 : 막연하게
6송이 : 부탁할 일이 있었던거야.
7송이 : 무슨 부탁을 했는지 알어?
8상혁 : 모르지.
9송이 : 시아주버니가 *****를 했대요, 그 애기를 사방에 떠들고 다녔던거야. 아주버니한테 고소를 당했어. 자기는 있는 사실만 말했는데 변호사한테 그럴 수 있느냐고. 웃기지 않아? 명예훼손죄로 고소를 당했대. 약간 이상하지? 그 아줌마 자체가 이상해, 도움을 받을려고. 그런 걸로 도움

을 받았던가? 받을려고 했던가?
10상혁 : <u>뭔가 이유가 있었겠지.</u>
11송이 : 아~ 그렇구나.

(2001년 1월 1일 가족과의 대화 중에서)

송이의 말을 듣고 10에서 상혁은 자신의 관점이 옳았다는 것을 확신하게 된다. 또 11에서 송이는 이전의 관점과는 다른 새로운 관점에 동의를 하는 태도를 취한다. 이와 같이 관점을 표현하는 과정에서 청자에 대한 화자의 태도가 표출된다. 그러나 그 태도가 불변하는 것은 아니다. 관점이 다를 경우라 하더라도 청자의 사회적 지위, 연령, 성별, 친화력 등 다양한 요인으로 청자에 대한 태도는 달리 나타날 수 있다. 또한 청자에 대한 태도는 화자의 개성으로 드러나기도 한다. 파(Farb, 이기동 외 공역, 1997: 68)에서는 화자와 청자간의 상호 작용에 주목하면서 파(Farb)는 사회 제도 또는 언어 상황의 여과기 다음에 '말하는 이의 개성이란 여과기'를 거쳐야만 비로소 말이 발화된다고 언급하고 있다.

대화는 화자와 청자의 상호 작용이다. 대화를 할 때 다른 사람의 관점에 민감하고 다른 사람의 관점을 알아차리는 것이 상호 작용의 기본이다. 대화 상대자의 관점을 존중하면서 대화를 한다는 것은 곧 대화 상대자의 정체성과 자신의 정체성을 서로 공유하고 나누는 작업과 같은 것이라고 할 수 있다.

▌예 2-38▐

가은 : 나, (얼버무림) 한가지 물어 봐도 될까?
옥미 : 뭔데?

(1999년 10월 17일 언니와 동생의 대화 중에서)

(예 2-38)에서 '가은'은 문법적으로 따진다면 질문을 하고 있어 허락의 형태로 말을 하고 있지만 실제로는 허락을 요구하는 발언을 하고 있는

것이 아니다. 왜냐하면 거절이나 허락을 하기에 충분한 정보를 말하고 있는 것이 아니기 때문이다. 경고나 통보가 될 수 있는 발언을 하고 있다. 또 '옥미'의 발언 역시 단순한 거절이 아니라 질문이 무엇인지에 따라 거절할 수도 있다는 내용을 담고 있는 발언으로 질문 형태의 되묻기이다. '가은'은 자신이 알고 싶어하는 것을 직접적으로 질문하지 않고 옥미에게 옥미의 관점을 배려하는 입장으로 '관점 보이기[29)]'를 하고 있다. 관점 보이기란 청자 지향적인 말하기를 위한 배려의 한 가지 방법으로 자신의 입장을 드러내기 위한 초보단계의 발언이다.

이러한 현상은 실제 발화를 전사한 경우에 더 잘 드러난다.

예 2-39

1상혁 : 그 입장이 돼봐 잘 보여야되는 이유가 있을꺼 아니가.
단순하게 생각하지 말어 뭔가 이유가 있을 거라구
2송이 : 굉장한 부자야.
3상혁 : 관계가 있는 사업을 한다든지 이유가 있지.
4송이 : 아아(/) 그러니까
5상혁 : 막연하게
6송이 : 부탁할 일이 있었던거야.
7송이 : <u>무슨 부탁을 했는지 알어?</u>
8상혁 : 모르지.
9송이 : 시아주버니가 ****를 했대요, 그 얘기를 사방에 떠들고 다녔단거야. 시아주버니한테 고소를 당했어. 자기는 있는 사실만 말했는데 변호사한테 그럴 수 있느냐구. <u>웃기지 않아?</u> 명예훼손죄로 고소를 당했대. 약간 이상하지? 그 아줌마 자체가 이상해, 도움을 받을려고. 그런 걸로 도움

---

29) 일상적인 말하기를 관찰해 보면, 화자는 자신의 관점이 드러나는 말을 하기 앞서 메타언어적인 표지인 '저의 생각은 그렇습니다'나 '그런 생각을 했어' 등의 표현을 자주 쓰는 것을 확인할 수 있다. 이것은 관점을 미리 보이는 현상으로 풀이된다.
(예1) "<u>저의 생각은 그렇습니다</u> [→이렇습니다]. 이제는 노동자 문제가 아니라 청소년 문제에 나서야 할 때입니다."(2001. 5. 20. 원고 없는 연설 중에서)
(예2) "<u>난 그런 생각을 했어.</u> 성공하는 사람은 칭찬과 감사의 [→남을 칭찬하고 남에게 감사하는] 말을 많이 한다는 거야"(2001. 5. 15. 일상 대화 중에서)

을 받았던가? 받을려고 했던가?
10상혁 : 뭔가 이유가 있었겠지.
11송이 : 아 그렇구나.

(2001년 1월 1일 가족과의 대화 중에서)

7송이는 "무슨 부탁을 했는지 알어?"라고 말함으로써 자신의 생각을 표현하기 위한 잠정적인 동의를 얻는다. '뭔데?, 말해봐' 등의 응답을 유도함으로써 자신의 생각을 개진하는데 동의를 얻기 위한 수단으로 '뭔지 알아?'라는 질문을 하고 있는 것이다. 8에서 상혁은 "모르지"라고 말함으로써 '말해봐'와 같은 반응을 하고 있다. 대화 상대자의 관점을 물어보고 자신의 관점을 조심스럽게 개진하는 작업은 대화 상대자의 정체성과 자신의 정체성을 서로 공유하고자 하는 배려로 받아들일 수 있다. 위 예에서 7송이는 8상혁이 자신의 발언에 지지자가 되게 하기 위해 발언 전에 '관점 보이기'를 한 것이다. '관점 보이기'는 청자를 끌어들이기 위한 방법의 한 가지라고 할 수 있다. 또 이것은 화자가 계속 발언권을 유지하기 위해서 상대방의 용인을 구하는 장치이기도 하다. 7송이의 질문에 대한 8상혁의 답변은 9송이의 의견 개진을 용인해주는 역할을 하는 것이다. 9송이의 발화 중에서 "웃기지 않아?"라고 송이는 다시 한번 질문을 함으로써 자신의 발언에 청자를 끌어들이고 있다. 즉 7송이에서 질문을 하여 8상혁에서 반응을 유도하고 9송이에서 연관된 질문을 던짐으로써 송이는 자신의 관점에 대한 정당성을 부여한다.

청자를 잘 모르거나 청자와 의견 충돌 가능성이 높을 때 화자는 새로운 정보를 말하기 전에 청자의 관점에 접근하려는 전략을 쓰게 된다. '관점 보이기'는 자기를 표현하는 방법이다. 청자가 대화에서 어떤 위치에 있는가 등을 파악하여 상호 작용 하도록 하려는 방법이다. 상호 작용은 대화에 참여하는 청자의 관점에 주의를 기울이는 데서부터 시작된다. 청자의 관점에 주의를 기울이는 것이 청자 지향적 관점의 말하기를 이루는데 기본이 된다. 이렇게 청자 지향적 관점의 말하기는 면대면(面對面) '상호 작용'을 하는 대화를 하도록 유도해 준다. 청자 지향적 말하기는 원만한 인간 관계를 회복, 유지 발전시키기 위한 일련의 노력이라고 이해할 수 있기 때문이다. 청자 지향적 말하기에서는 관계 회복과 관계 유지를 위한 말하기 양상을 보여주는 것이 중요하다.

제 3 장 청자 지향적 관점의 표현 양상과 방법

3.1 청자 지향적 관점의 표현 양상

청자 지향적 관점의 표현은 이야기 화제(하고자 하는 이야기)가 있고 그 이야기 화제에 대한 관점이 있을 때 그 관점을 청자라는 언어활동의 참가자를 활용하여 새로운 표현을 탐구하려는 의도에서 이루어진 표현 중 하나이다. 이를 그림으로 표현하면 다음과 같다.

그림 3-1 청자 지향적 관점 표현 모델

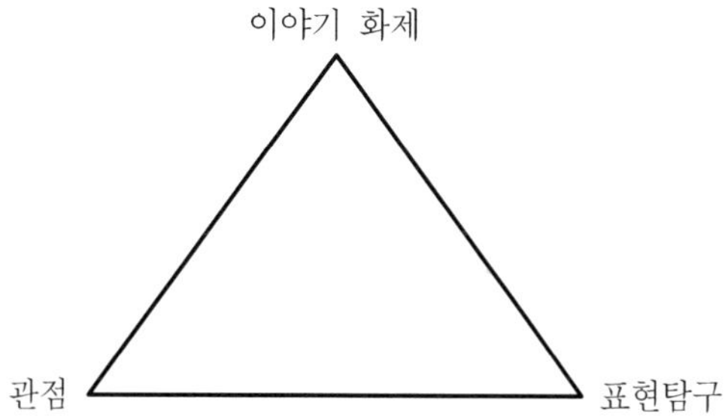

그러므로 청자 지향적 관점의 표현은 세 가지 측면에서 살펴 볼 수

있다. 대화의 3요소라 할 수 있는 화자, 청자, 이야기 거리라는 세 가지 측면에서 논의를 할 것이다. 청자 지향적 관점의 표현을 선택하기 위해 첫째, 청자 지향 표현 부분에서는 청자 요소를 어떻게 고려하는지 살펴보고 둘째, 화자 전환 표현 부분에서는 화자 요소를 어떻게 고려하는지 살펴보고 셋째, 화제 응집성과 관점 부분에서는 이야기 거리인 표현 그 자체를 어떻게 구성하는지 살펴볼 것이다.

3.1.1 청자 지향 표현

청자 지향적 관점이란 청자의 지식과 심리 상태, 상황, 대인 관계 등을 고려하여 말하는 방식을 선택하는 방법 중의 하나이다. 청자의 입장을 고려하고 오해나 대화의 단절이 이루어지지 않으리라는 고려를 한 다음 발화를 선택하는 것이다.

상대주의적 가치관이 지배하는 사회의 구성원은 타인과의 상호 의존적인 관점(perspective)에서 자신을 평가하고, 해석하고자 하며, 개인주의적인 가치관이 지배하는 사회의 구성원은 독립적인(independent) 관점에서 자신을 평가하고 해석하게 된다. 상대주의적 관점이 우세한 한국인과 일본인들의 상호 작용은 청자 중심적 관점에 더 의존하게 되며, 독립적 존재로서의 개인의 가치에 상대적으로 더 비중을 두는 영어 문화권 화자의 상호 작용은 화자 중심적 관점에 더 의존하게 된다(Lakoff, 1975; 고인수, 1996: 8). 사회 가치관의 차이는 언어에도 반영이 된다. 영어에 비해 국어에는 청자 대우에 관련된 문법 표지가 많다는 사실도 이를 뒷받침해 주는 사례이다.

김재원(1998)에서는 말이란 입으로가 아니라 마음[30]으로 해야 되는 것

30) 우리는 흔히 '말이 통하지 않는다'는 말 대신에 '마음이 통하지 않는다'는 말을 하기도 한다. 또, 자신의 마음을 터놓고 이야기 할 수 있는 사람이 있는가 하면 그렇지 않은 사람이 있다는 말을 하기도 한다. 이는 대화가 언어적인 문제만이 아니라

으로 보고 화자 지향적인 말과 청자 지향적인 말을 구분하고 있다. "입으로 하는 말"을 겉말이라 하고 "마음으로 하는 말"을 안말이라고 명명하고 있다. 겉말과 안말의 차이에서 가장 핵심적인 것은 전자가 화자 지향적인 반면 후자는 청자 지향적이라는 것이다. 그라이스(Grice, 1975)가 제시했던 협력 원칙은 모든 말에 대한 원칙이 아니라 단지 겉말에 대한 원칙이라고 비판하고 있다. 김재원(1998)에서는 안말의 원칙으로 "말을 하지 말라, 말을 할 때가 있다, 말을 할 때가 되면 말을 하라, 상대방의 말을 경청하라, 느낌으로 말을 하라, 비유적으로 말을 하라. 말을 짧게 하라" 등 7가지를 제시하고 있다.

청자 지향적 관점으로 표현을 한다는 것은 청자를 배려한다는 것을 의미한다. 말을 한다는 것은 단순히 자신의 메시지를 상대에게 전달하는 차원에서 그치는 것이 아니다. 청자와의 대인적 관계를 고려하는 차원이다. 자신의 감정을 표출하는 언어 표현에서도 청자를 고려하여 자신의 감정을 거른 다음에 표현할 것인지, 솔직하게 자신의 감정을 표출할 것인지 선택하게 된다. 또 동일한 상황이라 하더라도 화자는 청자 지향적 관점과 화자 지향적 관점, 혹은 중립적 관점 등 다양한 관점 중에서 표현하고자 하는 방식에 따라 적절한 방식을 선택할 것이다.

관점 선택은 화자의 표현 효과에만 영향을 미치는 것이 아니라 청자의 이해를 증진시키는 데에도 영향을 미친다. 효과적인 의사소통을 위해서는 청자의 관점이 실제적으로 고려되어야 한다. 메시지를 구성할 때 특정 청자가 이해하도록 고려되어야 한다거나 청자가 메시지를 이해할 수 있도록 하기 위해 일차적으로 청자가 아는 것인지 아닌지를 고려해야 한다는 것은 기지의 사실이다. 다른 사람의 역할을 고려해야 할

심리학적인 문제와 관련이 있음을 시사하는 것이라고 하겠다. 대화는 인간 관계 속에서 자신의 정체성과 대화 상대자의 정체성이 교감(交感)하는 것이라고 할 수 있다. 정체성이 교감하는 가운데 새로운 정체성이 형성되고 기존의 정체성이 변화되기도 한다. 청자를 이해하는 정체성, 청자를 존중하는 정체성, 청자를 긍정적으로 평가하는 정체성을 형성할 때 청자 지향적인 관점의 말하기를 할 수 있다.

뿐만 아니라 의사소통자가 다른 사람의 관점을 고려해야 한다.

다음에 제시하는 예를 보면 그 차이를 쉽게 알 수 있다.

▌예 3-1▐

(극장이나 지하철, 놀이동산 등 공공장소에서 표를 사고 파는 장소를 가리키는 표현으로)
표 파는 곳
표 사는 곳
표 사시는 곳

▌예 3-2▐

(열차가 도착하고 있음을 알리는 지하철 안내 방송 중에서)
안전선 안으로 물러 서 주시기 바랍니다.
(예3-2-1)
안전선 밖으로 물러 서 주시기 바랍니다.

▌예 3-3▐

(가게 주인이 휴업을 하게 되는 상황을 알리는 문구에서)
제 맘대로이긴 하지만 오늘은 쉬겠습니다.
(예 3-3-1)
금일휴업

▌예 3-4▐

당신도 한때는 초보였습니다.
(예 3-4-1)
초보 운전
(예 3-4-2)
저는 병아리예요 삐악삐악

(예 3-1)에서 "표파는 곳"이라는 표현은 매표소 직원의 입장에서 표현한 것이라고 할 수 있으며 "표사는 곳"이라는 표현은 고객인 청자를 고

려한 표현이다. 이와 같이 청자를 고려하고 청자 입장에서 표현하는 것을 청자 지향적 관점이라고 규정할 수 있다. (예 3-2-1)의 "안전선 밖으로 물러 서 주시기 바랍니다"라는 표현에서 '안전선 밖'은 지하철 운전기사 입장에서 '밖'이 되기 때문에 (예 3-2-1)은 화자 지향적 관점의 표현이라 할 수 있다. 반면에 (예 3-2)의 "안전선 안으로 물러 서 주시기 바랍니다"라는 표현은 지하철 승객인 청자 입장의 표현이라고 할 수 있다.

(예 3-3)은 일본의 한 가게 주인이 휴업을 하게 되는 것을 알리는 상황에서 사용한 문구이다. 청자인 고객의 입장을 최대한 고려한 공손한 표현으로 잘 알려져 있다. 보통 가게 주인들이 '금일휴업'이라는 문구만을 표현하여 고객의 감정을 전혀 고려하지 않는 것과는 사뭇 다르다. 같은 상황을 알리는 표현 중에서 청자 지향적 관점이라고 명명할 수 있는 청자 입장을 고려한 표현은 효과적인 표현의 한 원리가 될 수 있겠다.

(예 3-4)는 청자의 초보운전 시절을 기억하게 하여 자신의 초보운전에 대한 양해를 구하고자 하는 표현으로 (예 3-4-1)이나 (예 3-4-2)에 비해 청자 지향적 관점을 택하였다고 할 수 있다.

다음은 텔레비전 연속극 대사의 일부이다. 일반적인 프로포즈 방식과는 다른 방식으로 표현을 하고 있다.

예 3-5

(병달이가 봉미에게 프로포즈를 하는 상황, 다방으로 들어간다.)
봉 미 : 왠일이야, 차를 다 사준다고 하구.
웨이터 : 주문하시겠어요?
병 달 : 뭐 마실거가?
봉 미 : 칡차로 주세요
병 달 : 나도요.
웨이터 : 감사합니다.
병 달 : 봉미, <u>네 시집갈 데 없으면 나한테 시집오그래.</u>

(1997년 11월 16일 '파랑새는 있다' 연속극 대사에서)

보통의 경우에 결혼하자고 프로포즈를 하는 경우에 "당신을 사랑합니다. 나와 결혼해 주시오."라고 하는 경우가 일반적인데 (예 3-5)에서 병달이는 상대방의 관점에서 청혼을 하고 있다. 위 예문에서 청혼을 직접적으로 말하지 못하는 상황이 된 사회, 문화적인 영향이나 개인적인 이유가 있을 것이다. 등장인물 병달이는 한국 전통적인 사고를 하고 있는 남자이다. 병달이는 결혼 신청이 쑥스러워서 봉미가 자신에게 시집 올 의향이 있느냐는 식의 물음으로 결혼 신청을 대신하고 있다. 평소에는 봉미에게 관심을 보이지 않던 병달이가 자신의 무뚝뚝함을 버리고 봉미에게 관심을 보이고 있는 상황을 이해하지 않고서는 청혼의 표현으로 받아들이기 곤란한 표현이다. 봉미가 병달이의 성격이나 태도에 대한 이해에 따라 청자 입장의 청혼을 기분 좋게 받아들일 수도 있고 그렇지 않을 수도 있다. "나는 좋은 신랑감은 못되지만 나에게 시집 와 달라"는 의미로 병달이의 말을 받아들일 수도 있고 부정적인 의미로 병달이의 말을 받아들일 수도 있다. 청자 입장으로 바꾸어 표현을 하는 이유나 청자 입장의 표현을 이해하는 데는 앞서 살펴 본 정체성 구성하기에 대한 이해가 선행되어야 한다.

청자 지향적 관점으로 공손하게 표현하는 발화 행위가 대표적으로 나타나는 담화 유형으로는 요청 화행을 들 수 있다.

▎예 3-6▐

나 네 노트 좀 보자. /노트 좀 봐도 될까?(화자 지향적 관점)
(예3-6-1)
노트 좀 보여 줄래?(청자 지향적 관점)

주어와 서술어의 관계를 살펴 표현을 헤아려볼 때 (예 3-6-1)이 (예 3-6)에 비해 청자 지향적 관점의 표현이다. 또한 요청에 대한 화자의 힘(power)이 상대적으로 적게 작용하고 있다.

이렇게 청자 지향적 관점을 취하여 표현하려는 목적은 무엇일까? 청자 지향적 관점을 취하는 요인 중의 하나로 공손성의 원리(politeness)를 들 수 있다. 표현을 할 때 될 수 있으면 상대방의 감정을 해치지 않으면서 자신이 표현하고자 하는 내용을 최대한 효과적으로 전달하고자 하는 의도 속에 보다 공손한 표현을 찾게 되는데, 공손한 표현을 선택할 때 고려하게 되는 제1대상이 바로 청자인 것이다. 청자 지향적 관점의 표현은 상호 인간 관계에 있어서 대결과 갈등을 피할 수 있는 기능을 한다고 할 수 있다.

공손성의 원리를 적용하여 청자 지향적 관점을 선택하여 요청을 할 때, 즉 청자 지향적 관점으로 표현 할 경우에 요청이 더 잘 받아들여지는지 아니면 화자 지향적 관점으로 표현했을 때 요청이 더 잘 받아들여지는지는 실험을 통하여 더 명확히 검증해 볼 수도 있다. 그러나 청자 지향적인 관점의 표현이 보다 공손한 표현으로 받아들여질 것이고, 화자의 요청을 청자가 거절하지 않고 받아들일 것이라는 예측은 선험적으로 가능하다.

리치(Leech)의 이론은 이 점에서 시사점을 던져 준다. 청자의 입장을 고려한 표현의 선택 측면을 설명한 이론으로 공손성의 원리를 들고 있는 리치(Leech, 1997)는 (1) 자신의 이익보다 상대방의 이익을 우위에 두라(generosity/tact maxim). (2) 자신보다 상대방을 높이 평가하라(approbation/modesty maxim). (3) 자신보다 상대방의 의견을 존중하라(agreement maxim). (4) 자신의 감정보다 상대방의 감정을 우위에 두라(sympathy maxim). (5) 자신의 행위보다 상대방의 행위를 존중하라(obligation maxim)는 공손 행위(polite behavior)에 대한 격률을 제시하고 있다. 청자를 고려하여 청자의 체면(face)을 손상시키지 않는 표현을 해야 한다는 것이 중심 내용이다.

공손성의 원리에 더하여 청자가 숙고할 가능성이 있게 표현하라는 격률을 제시하고자 한다. 즉, 청자 입장에서 보아 화자의 표현 내용에 숙고할 필요성[31]이 있다고 판단하도록 화자는 표현해야 한다는 것이 그 내용이다. 숙고 가능성 모델(elaboration likelihood model)에서 피티와 카시오포(Petty & Cacioppo, 1986)는 "설득력의 차이는 청자가, 제시한 정보에 대한 숙고(elaboration)에 몰두할 가능성에 의해 영향을 받는다"는 기본적인 개념을 제시하고 있다(이원표 역, 1997: 208). 청자가 어떤 정보에 대해 관심을 보이고 깊이 생각할 여지가 있는 표현이 호소력이 있는 표현이다. 화자는 청자의 요인을 잘 헤아려 표현을 선택할 필요가 있다. 청자 지향적 관점의 표현은 공손성과 함께 청자의 공감(empathy)을 끌어내기 위한 표현 방법 중 하나이다.

이와는 반대로 청자를 대상으로 표현을 한다고 하면서도 화자 지향적인 표현을 하게 되는 경우를 종종 보게 된다. 화자 중심으로 표현하는 이유 중에 하나로 자기 중심성(egocentrism)이라 불리는 심리적 성향을 들 수 있다. 자기 중심성이란 사고가 '나 또는 자아'를 중심으로 집중된다는 심리적 성향이다. 자기 중심성은 이기적인 성향을 나타낸다고 이해하기보다는 자기 중심적인 관점으로 사고를 표현하고 자신 이외의 다른 사람의 관점을 적극적으로 고려하지 못한다는 것으로 풀이해야 할 것이다.

3.1.2 화자 전환 표현

앞에서 청자를 고려한 관점 선택의 한 양상으로 청자 지향 표현을 살펴보았다. 표현의 대상을 청자의 입장에서 표현하기 위해 화자가 표현하는 사례들을 살펴본 것이다. 여기에서는 화자 전환 표현을 살펴보겠다. 화자를 1인칭인 자기 자신으로 드러내고 표현할 것인가, 자기 자신이 아닌 3인칭의 화자를 선택하여 표현을 할 것인가에 따라 화자의 전환이 일어난다. 화자를 1인칭이 아닌 3인칭 화자를 사용하여 화자를 전

31) 청자는 스스로의 관심과 욕구에 따라서 정보들을 선별하는 능동적인 수용자임을 감안해야 한다.

환하여 표현하는 양상도 청자를 고려한 관점 선택의 한 양상으로 보아 논의하겠다.

화자 전환 표현은 말하는 사람을 누구로 정하여 어떻게 기술할 것인지와 관련된 표현 방법이다. 즉 화자를 화자 자신인 '나'로 할 것인지 '제3자'를 빌어 화자인 것처럼 표현할 것인지를 선택하는 문제와 관련된 표현 방법이다. 화자를 누구로 정하느냐에 따라 청자를 고려하는 관점이 달라질 수 있다.

다음과 같은 예문에서 화자는 잔디 자신이라는 관점으로 표현하고 있다.

예 3-7

잠깐!
새싹이 나오고 있으니,
제발 밟지 마세요!
밟으면 저는 죽고 말아요

–잔디 올림– (서울대 잔디밭 푯말 중에서)

(예 3-7)에서 화자 자신이 잔디가 될 수는 없다. 그러나 이 표현에서 청자가 숙고할 수 있는 표현을 화자가 모색하였고 명령을 공손하게 표현하려는 의도가 있었음을 알 수 있다.

화자를 전환하는 표현은 말보다 글에서 자주 나타난다. 다음 예는 한 학생이 쓴 글이다.

예 3-8

저는 신기한 재주를 가지고 있어요. 그 신기한 재주란 모든 것을 그대로 보여주는 재주입니다. 어떤 사물이든 똑같이 보여주지요. 전 거짓말 없이 그대로 보여 줍니다. 저를 보고 사람들은 거울이라고 하더군요.

사람들은 나를 매일 쳐다봅니다. 사람들이 자신의 눈으로 볼 수 없는 곳을 보여 주기 때문입니다. 아침에 일어나 부시시한 얼굴로 눈곱을 떼어내고, 나를 쳐다보면서 화장을 하고 머리를 다듬곤 합니다. 또 자신이 입은 옷이 자신에게 어울리나 내게 묻곤 합니다. 수시로 나를 보면서 얼굴에 무엇인가 묻지 않았는지 확인하고, 이빨은 항상 깨끗한지 내게 자신의 이를 비추어 보기도 합니다.

사람들이 나를 쳐다보며 짓는 표정이 정말 재미있습니다. 자다가 일어나 눈도 제대로 뜨지 못하면서 찡그리며 얼굴을 쳐다보는 사람, 어떻게든 머리 모양을 예쁘게 하려고 애쓰는 사람, 예쁜 옷을 입고 나서 행복한 표정을 짓는 사람, 이빨에 낀 고춧가루를 떼어내기 위해 이쑤시개를 들이대며 얼굴을 찡그리는 사람, 얼굴에 난 여드름을 짜면서 짜증을 내는 사람, 정말 갖가지 표정을 나는 매일 보고 있습니다.

그러나 사람들은 내게 자신의 마음을 보여주진 않습니다. 마음은 눈으로 볼 수 없기 때문에, 난 그들의 마음을 그대로 비추어 줄 수 없습니다. 사람들은 마음은 보이지 않는다는 이유로 감추어 놓고, 나를 보면서 겉모습만을 가다듬죠. 내가 사람들의 마음을 그대로 보여 줄 수 있다면, 사람들은 마음을 가다듬고 가꿀 것이며, 그 결과 세상도 아름다워질 것입니다.

(1999년 2학기 서울여대 한 학생의 글)

위 예문은 동화적인 분위기가 드러나게 사물이 이야기하는 형식으로 표현된 글이다. (예 3-8)에서 화자인 거울은 '나'로 설정되어 있다. 거울이 1인칭인 '나'로 설정되어 화자가 전환된 표현이다. 유정물이 아닌 사물이 화자가 되어 이야기하고 있는 형식을 빌어 청자가 평소엔 그냥 지나쳤을 거울이라는 사물에 대해 깊이 있게 인식해 보도록 하는 효과를 자아내고 있다. 이와 같이 화자 전환 표현은 정보에 대해 청자가 숙고(elaboration)에 몰두할 가능성을 열어놓고 있다.

일상 대화에서도 화자 전환 현상은 드러난다. 다음 예는 친척 관계인 남자 세 명과 여자 두 명이 거실에 앉아서 대화한 것을 전사한 것이다.

예 3-9

1 명자 : 새언니 이것 먹어. 이게 더 나아. 검정 거 먹어.

(한편에서는)

2 기현 : 저는 나쁜 것만 가지고 실험하고 있어요.(허허) 올해는 에이스 바이러스 가지고 실험할 거고.(허허) 씨제이디 광우병도 실험할 거고.(허허)

3 영희 : 우리집 옆에 가까이 오지마.(호호호)

4 기철 : 뭐라고?

5 기현 : 형은 에이스 바이러스 가지고 실험할거고 씨제이디 광우병 그거 가지고 실험할 거고.

6 경재 : 실험하는 건 좋은데, 실험하는 실험 방법하고, 직접하는지… 다르지. 직접할 거 아니잖아요?

7 기현 : 근데 미안해서 실험에 한두 번은 들어가 줘야 할 것 같아. 미안해 죽겠어. 어떻게 시키나 싶어.

8 기철 : 왜 힘든 것을 해?

9 경재 : 그래야 회사가 돈벌지. 남들이 안 하는 걸 해야 회사가 돈 벌지.

10 기철 : 전 세계적으로 되어 있을 거 아냐?

11 기현 : 안 되어 있어.

12 기철 : 안 되어 있어?

13 기현 : 안 되어 있어. 진단시약도 없어. 에이즈만큼도 안되어 있어.

(2001년 1월 1일 가족과의 대화 중에서)

2기현에서는 "저는"으로 시작하여 1인칭으로 이야기를 전개하고 있다. 그러나 동생인 기철이가 "뭐라고?"라고 되묻기를 하자 이에 대한 응답을 하는 5기현에서는 "저는"을 "형은"으로 말을 바꾸어 표현하고 있다. "형"이라는 표현은 기현과 기철의 관계 속에서 기철이가 부르게 되는 호칭이기 때문에 3인칭으로 보아야 한다. 기현이의 첫 번째 발화를 기철이가 잘 알아듣지 못한 것을 감안하여 기철이의 입장에서 형인 자신을 드러나게 5기현에서 표현을 바꾸었다. 청자를 고려한 화자 전환 현상이 드러난 표현이다. 청자의 이해를 돕기 위한 화자의 배려가 엿보이는 표현이다.

화자 전환 표현은 문학에서 흔히 찾아 볼 수 있는 시점 전환 현상과 유사한 현상인데 일상적인 말하기에서는 그 현상이 흔하게 드러나지 않는다. 일상 대화는 얼굴과 얼굴을 맞대고 이야기하는 경우가 많기 때문에 화자 전환 표현보다는 간접인용이나 직접인용의 표현이 이를 대신하는 경우가 많다.

3.1.3 화제 응집성과 관점

화제 응집성(coherence)과 관점과의 관계에서는 대화의 응집성을 저해하는 요소를 살펴보고 대화의 응집성을 분석해 보겠다. 이것은 '표현 자체'가 청자를 고려하고 있는지를 살펴보기 위한 방법이다. 화제 응집성 측면에서 화자가 청자를 고려한 관점을 택하였는지 그렇지 않았는지, 또한 화자 중심적 표현으로 화제 응집성이 결여되었는지 여부를 살펴보기 위한 것이다.

화제 응집성과 관점에 대한 직접적인 연구는 아니지만 관점화에 대해 통사 차원에서 접근한 것으로 쿠노(Kuno, 1987)가 있다. 쿠노에 의하면, 어떤 사태를 기술할 때, 화자가 이 사태에 관련된 개체 중 어느 하나의 입장에서 사태를 기술하는 것을 공감도(empathy)로 설명하고 있다. 공감도를 "기술하고 있는 사태에 관련된 개체 중 어느 하나에 화자가 자기 자신을 일치시키는 정도"라고 정의한다(Kuno, 1987; 박승윤, 1990: 195). 쿠노는 공감도로 문장 상에서 비문(非文)과 정문(正文)을 설명하면서 앞 문장과의 관련 속에서 화제(topic) 공감도 순위를 제시하고 있다. 예를 들면, A는 담화상의 화제이나 B는 그렇지 않은 경우, 화자는 B보다 A에 공감하는 것이 쉽다고 제시하고 있다. 다음 예문을 통해 화제와 결속성의 문제를 살펴보자.

예 3-10

영희는 어제 친구 결혼식에 갔다. 거기에서 <u>초등학교 동창 OO는</u> 그녀를 [영희를] 만났다(?).

(예3-10-1)

영희는 어제 친구 결혼식에 갔다. 거기에서 그녀는 [영희는] 초등 학교 동창 ○○를 만났다.

(예 3-10)에 비해 (예 3-10-1)이 더 결속성(cohesion)이 있다. 왜냐하면 (예 3-10-1)의 두 번째 문장의 화제(topic)가 첫 번째 문장의 화제와 일치하기 때문이다. 즉 영희를 그녀로 반복하여 지시하기 때문에 결속성이 형성되는 것이다.

쿠노(Kuno)의 연구는 통사 차원의 연구이고 화제에 국한된 연구이지만 청자 지향적 관점과 연관하여 적용할 수 있는 여지가 있다. 쿠노가 공감도로 설명했던 화제 부분을 적용하여 청자를 고려하지 않고 화자 중심의 생각을 기술한 화자 중심의 관점을 설명하고자 한다.

다음 (예 3-11)은 자신의 생각을 정치하게 기술하지 못한 미숙한 글쓴이의 글이다. 청자(독자)를 고려하지 않은 결과 화자(필자) 지향적 관점의 표현이 드러났다. 화자 지향적 관점의 표현으로 담화의 응집성이 깨어진 사례에 해당된다.

▌예 3-11▐ 은정이의 생일

은정이의 생일에 초대되었다. 강민이의 생일에 집을 찾지 못해서 헤맸다. 은정이의 집을 미리 알고 있어서 은정이의 생일 초대에는 제 시간에 갈 수 있었다.

(개원초등학교 2학년 이○○의 일기장에서)

(예3-11-1) 은정이의 생일

은정이의 생일에 초대되었다. 지난번 강민이의 생일에는 초대장을 집에 두고 가서 강민이의 집을 찾는데 어려움이 있었다. 그때 실수를 생각하여 항상 초대 장소가 적힌 초대장을 가지고 생일 잔치에 가야겠다고 생각했다. 그러나 은정이의 집은 어디에 있는지 알고 있어서 초대장을 가지고 가지 않았어도 잘 찾아갈 수 있었다. 초대 시간에 맞춰 은정이의 집에 도착하였다.

(글쓴이의 의도와 사건의 전모를 파악한 뒤 고친 글)

(예 3-11)은 논리적인 비약이 드러나는 글이고 화제의 응집성이 결여된 표현이 나타나는 글이다. (예 3-11)을 쓴 글쓴이의 의도와 사건의 전모를 연구자가 질문 형식으로 알아내어 파악한 뒤 (예 3-11-1)과 같이 고쳐보았다. (예 3-11-1)은 같은 내용을 담고 있지만 표현 면에서 (예 3-11)보다는 화제의 응집성을 찾으려는 노력의 흔적이 드러난다. (예 3-11)을 쓴 글쓴이는 논리적 비약이 이루어지고 있는 '은정이의 생일'과 '강민이의 생일' 사이에 연결될 만한 사건을 잘 알고 있다. 그리고 '강민이의 생일'이 '은정이의 생일'이라는 제목 아래 통일된 텍스트를 구성할 수 있는 화제가 될 수 있다고 생각한다. 왜 이런 현상이 일어났는가? 글쓴이(화자) 입장의 관점 즉 화자 지향적 관점이 작용했기 때문이다. 독자를 염두에 두지 않는 일기라는 특수한 상황과 능숙하지 못한 글쓴이라는 상황이 이런 현상을 초래한 것을 어느 정도 인정할 수 있다. 화자 입장의 관점으로 응집성이 결여된 예가 비단 글이라는 상황에서만 나타나는 것은 아니다.

다음 대화를 살펴보자. 화자 지향적 관점이 화제 응집성을 방해할 수 있음을 드러내는 예이다. 특히 청자와 정보를 공유하지 못하는 상황에서 화자 지향적 관점의 표현이 나타난다.

예 3-12

1지혜 : 요즘 참 이상한 사람 많아.
2정미 : 왜 무슨 일이야?
3지혜 : 옆집 이사온 사람에게 오늘 분리 수거일이라고 알려주며 1, 3주 수요일 6시에 분리 수거해야 한다고 했더니 다짜고짜 자기 아이는 어떡하구 분리 수거하느냐고 하더라. 기가 막혀.
4정미 : 애가 어려서 집에 두고 나가기 어려운가 보지?
5지혜 : 어리긴. 따라 나오는 것보니까 두 돌은 지났겠더라.
6정미 : 하긴, 집 앞에 한글 나라 상자가 있었잖아. 아이가 한 명 더 있나보지?
7지혜 : 더 있긴? 벽에 걸린 커다란 액자 결혼 사진으로 보아 결혼한 지 얼마 안 돼 보이던데. 그 액자 사진은 90년대 이후 결혼한 사람이나 했어. 우리땐 하지 않았어.

8정미 : (무답)

9지혜 : 지난번 아파트에선 일요일날 분리수거를 해서 자기 남편이 다 버렸데나. 그리곤 끈 있냐고 끈 좀 달라고 하더라.

10정미 : 얄미운데 없다고 하지?

11지혜 : 내가 묶은 것 봤는데 어떻게 없다구하냐?

12정미 : 나도 끈 떨어져서 마지막 남은 것 썼다고 하지?(하하)

13지혜 : 희용이가 결혼해서 개포동에 살고 싶은가 본데 난 옆에서 살기 싫어.(필자 주 : 개포동은 '지혜'가 사는 동네이고 희용이는 '정미'와 '지혜'의 남동생이다.)

14정미 : <u>그런데 왜 갑자기 희용이 얘기야? 무슨 맥락에서?</u>

15지혜 : 세대차이를 생각하니까 희용이 생각이 나서.

(1997년 12월 가족과의 대화에서)

13지혜에서 지혜가 담화 맥락의 응집성을 해치는 발화를 하고 있어서 14정미에서 정미가 어리둥절하고 있다. 지혜 입장의 관점에서는 13지혜가 응집성을 해치지 않는 발화라고 생각할 것이다. 그러나 정미의 입장에서는 응집성이 깨진 발화라고 생각한다. 지혜는 15지혜에서 그 이유를 밝힘으로써 전체 담화의 응집성을 회복하게 된다. 대화 선상에서 응집성이 깨어졌을 때는 즉각적인 상대방의 질문과 그에 따른 답변으로 응집성이 곧 회복된다. 무관해 보이는 대화가 담화의 응집성을 해치지 않는 유관한 발화라는 이유를 화자가 밝히기 마련이다.

대화와 같이 화자와 청자의 상호 작용이 즉각적으로 나타나는 경우에서 화제의 응집성은 쉽게 회복될 수 있다. 그러나 지면에 글로 표현하는 경우[32]엔 화자 지향적 관점의 표현으로 발생하게 되는 화제의 일탈을 수정하여 텍스트의 응집성을 회복하는 일이 쉽지 않다. 글을 쓰는

32) 요즈음엔 컴퓨터 통신의 등장으로 모니터를 사이에 두고 글로 표현하면서 마치 대화하는 듯한 표현 형식이 있다. 글로 표현하더라도 즉각적으로 반응하는 형태가 가능하게 되었다.

사람 자신이 여러 차례 퇴고를 하고 청자(독자)를 고려하여 글쓰는 연습을 많이 할 때 비로소 화제 통일성에서 글쓴이는 자유로울 수 있다. 관점 차원에서 텍스트의 응집성을 논의하기 위해 다음 예를 살펴보자.

|예 3-13| 제동걸린 가방 뒤지기

길거리에서 불쾌한 검문을 당해본 시민들이 적지 않을 것이다. 전경들이 위압적인 자세와 모욕적인 언사로 검문을 하고 때로 숙녀들의 소지품을 희롱조로 뒤지는 일을 간혹 목격할 수 있었다. 이렇게 함부로 행인들의 가방을 뒤지는 행위에 제동이 걸렸다.

서울지법은 전경들이 길가던 시민의 소지품을 검사하면서 공중 앞에서 폭언으로 인격적인 모욕을 하고 반시간 가량 붙잡아둔 불법행위에 대해 국가가 3백만원을 지급하라고 판결했다. 이번 판결은 법에 정한 요건과 절차를 무시한 가방 뒤지기를 불법행위로 규정하고 위자료 지급을 명한 첫 판결로서 중요한 인권보호 판례로 남게 됐다. 불심검문은 될수록 짧은 시간에 마쳐야 하는데도 주민등록증을 돌려주지 않고 붙잡아둔 것은 사실상 불법구금과 다를 바 없다고 경찰관들에게 경종을 울렸다.

경찰관 직무집행법은 무고한 시민의 권리가 침해되는 것을 막기 위해 불심검문의 요건과 절차를 까다롭게 규정해 놓았다. 경찰관은 먼저 신분증을 제시한 뒤 검문 목적과 이유를 밝혀야 한다. 소지품 검사는 흉기를 조사하는데 국한된다. 재판부는 흉기 조사가 아닌 다른 소지품 검사는 불심검문의 한계를 넘는 것으로 사전 영장을 받거나, 긴급할 경우에도 사후 영장을 필요로 한다고 판시했다.

젊은 전경들에게 불심검문에 관한 절차 및 예절교육을 강화해야 한다. 불심검문을 하면서 무고한 시민들에게 부당한 대우를 하거나 인격적인 모욕을 주어서는 안 된다. 될수록 본인의 동의를 얻어 검색하는 것이 좋고 의사에 반해 가방을 뒤지더라도 흉기 수색에 그쳐야 한다. ⓐ 불쾌한 경험을 그냥 넘겨버리지 않고 소송을 제기해 중요한 인권보호 판례를 얻어낸 <u>ⓑ 청년의 시민정신은 높이 사줄 만하다.</u>

(동아일보 1997년 11월 29일자 3면)

위 예문은 '제동걸린 가방 뒤지기'라는 제목 아래 전경의 불심검문 부당성을 논의하고 시민의 인권보호 판례의 사건을 옹호한 신문 사설이다. 인권보호 판례가 나오게 된 것은 한 청년이 소송을 제기했기 때문이고, 소송을 제기하기 전에 한 전경의 부당한 불심검문이 있었기 때문이다. 글쓴이는 인권보호 판례를 옹호하면서 전경의 부당한 불심검문을 주요 화제로 글을 전개하고 있다. 그러나 ⓐ 문장 내 ⓑ에서 소송을 제기한 한 청년을 소개함으로써 화제를 전환하고 있다. 주요 화제로 다루었던 전경의 불심검문에서 청년의 소송제기로 관점을 전환한 것이다. ⓐ라고 표시한 문장은 전체 글에 쓰인 하나의 화제라는 관점 측면에서 본다면 글의 응집성에 보탬이 되지 않을 수도 있는 문장이다. ⓐ문장 중 ⓑ에서 한 청년이, 인권을 침해한 전경을 상대로 소송을 제기한 일이 칭찬 받을만한 일이라고 글쓴이는 자신의 견해를 쓰고 있다. ⓐ문장 앞에서 논의하고 있는 전경의 불심검문과 인권보호 판례의 논의와는 조금 다른 관점의 접근을 하고 있다. 청년의 시민정신에 초점을 두어 청년의 시민정신을 높이 평가하는 부연 설명을 하고 있는 것이다. 이 글에서 ⓐ문장 이후의 내용은 이 글의 응집성을 저해한다고까지는 말할 수 없다하더라도 응집성 차원에서 보면 사족이라고 할 수 있으므로 문단을 달리하여 처리하는 것이 좋겠다. 글쓴이는 인권침해를 하게 된 '전경'에 관심을 두어 기술하다가 인권침해를 당한 '청년 시민'에 관심을 두어 글을 쓰는 방식을 택한 격이 되어서 두 가지의 상대적인 대상을 하나의 텍스트 속에 담고 있다. 이야기 대상 측면에서 본다면 위 예문은 응집성(coherence)에 흠이 있는 글이다.

다음은 한 회사의 광고 문구이다.

|예 3-14|

슈퍼에서 처음 알았습니다.
저와 아이의 건강을 챙길 때,
아내는 무척이나 까다로워진다는 걸.

장보러 갈 때마다 목우촌 햄만을 고르는 아내.

무방부제, 무전분, 순국산돈육이라고
자랑스럽게 또박또박 읽어주는 아내

여보 알지? 내가 당신 그럴 때마다 핀잔주지만
그래도 속으론 무척 기뻐하고 있다는 거 말이야.

(1999년 지하철 차량 내에 부착된 광고)

예 3-15

가끔씩 무던한 남편도 까다로워질 때가 있습니다.
피곤한 바깥 일로, 입맛이 없다며 수저를 놓는 그이.

그럴 때마다 전 까다로운 입맛을 살려주는
목우촌 프로포크를 준비합니다.
단 한 번도 얼리지 않아 필수 영양소가 살아있는
고급 냉장 돼지고기 목우촌 프로포크

여보, 제 맘 알죠?
오늘 저녁엔 돼지고기 상추쌈을 입안 한가득,
맛있게 넘기는 당신 모습이 보고 싶어요.

(1999년 지하철 차량 내에 부착된 광고)

(예 3-14)는 남편이 이야기하는 형식을 빌어 한 회사의 제품을 선전한 광고 문구이고 (예 3-15)는 아내가 이야기하는 어투를 빌어 선전한 문구이다. 이야기를 받아들이게 될 청자가 누구인지 생각해보자. 선전문구이기 때문에 그 상품을 구매할 가능성이 있는 소비자가 청자가 되리라는 것은 자명하다. 세 단락으로 구성된 (예 3-14)와 (예 3-15)를 자세히 분석해보면 첫 번째 단락과 두 번째 단락은 광고의 청자(독자)라고 할 수 있는 소비자를 대상으로 이야기하고 있고 세 번째 단락은 각각 상대 배우자에게 이야기하는 관점을 취하고 있다. 한 텍스트 내에서 청자의 전환이 이루어지고 있다. 청자의 전환이 이루어짐으로써 얻게 되는 효과[33]

가 없는 것은 아니겠으나 글의 응집성 문제를 논의한다면 응집성이 결여된 텍스트로 보아야 마땅할 것이다.

영화 기법 중에 '오버랩'이라는 기법이 있어 장면들이 겹치면서 한 장면에서 다른 장면으로 전환하는 기법이 있다. 이러한 장면 전환의 기법을 염두에 두어 사용된 표현이라면 또 달리 해석이 될 필요가 있을 것이다. 그러나 일상적인 말하기에서 이러한 기법적 배려가 청자의 이해를 돕지 못한다면 문제가 될 것이다.

다음의 예를 보자.

예 3-16

천천히 / 공사 중

'공사 중이기 때문에 천천히 걸어가시오'라는 의미로 쓴 '천천히 공사 중'에는 두 가지 관점이 나타난다. 왜냐하면 주체가 둘이기 때문이다. 즉 '천천히'는 공사하는 사람이 보행자에게 요구하는 것이기 때문에 주체가 보행자이고 '공사 중'의 주체는 공사하는 회사이다. '왜 빨리 공사하지 않고 천천히 공사하는 중이냐?'라고 반문하는 우스개 소리가 있는 것도 이러한 이유에 근거한다.

표현하고자 하는 내용 측면에서 청자 지향적 관점을 위해서는 화제의 응집성을 자신의 측면이 아닌 청자 측면에서 고려해야 한다. 다음은 화자가 화제 응집성에서 벗어난 이야기를 하자 청자의 개입이 드러나고 있는 대화이다.

예 3-17

1영희 : 자기 남편 주택은행 다니고. 왜 엄마가 선생님 찾아다니고 알랑거리는지 모르겠다고. 아이가 구박을 받았나봐.

---

33) 광고주는 행복한 아내와 남편 간의 사랑이야기를 엿듣게 하는 효과를 염두에 두어 일부러 이런 표현을 선택했을지도 모르겠다.

열을 올리더래. 한번은 선생님이 이걸(손가락으로 동그라미를 나타내면서) 안하니까 부드럽게 안 대하고 그냥 그렇게 대하더래.

2명희 : 직업을 몰랐나 부지.

3영희 : 직업을 써서 내는데. 선생님이 맨 먼저 파악하는 게 직업인데. 친구의 부모가 변호사야.

4영희 : 너희 엄마 변호사라며? 그런 식으로… 너희 아빠 변호사라며? 엄마가 안 가지↗ 그러면 더 구박한대. 한번 갔다오면 너희 부모가 훌륭한지 몰랐다. 인간이 되다보니까. 선생님이 월급이 짝잖아 [적잖아] 내…

5철민 : 저거 새끼다.

6영희 : 새끼 났어? 컸네. 파란거 이름이 카디날이야.

7민수 : 잡아 먹는 거 아냐?

8철민 : 그러겠지 뭐.

9명희 : 왜 잡아 먹어? 자기 새끼 아냐? 아 그럼 먹이를 잘 주면 안 잡아 먹을 거 아냐.

10철민 : 살아있는 먹이가 훨씬 맛있다구.

11영희 : 아무튼 학교 보내놓으면.

12철민 : <u>딴 가지로 새지 말고 메인.</u>

13영희 : 그래 그래. 그래 가지고. 갔다오지↗그러면 잘 해준데.

14철민 : 갔다왔잖아. <u>그 얘기 말고 저 이야기.</u> 화정이 엄마가…

15영희 : 기분 나빴다는 거 얘기 하더라구. 기분 나쁜데 절대 안 갈 거라고.

16철민 : 자기 아들이 구박 받아서 학교 갔다가 안 가지고 가 가지고, 자기 아들은 구박 받고 있다는 얘기네.

(2001년 1월 1일 가족의 대화 중에서)

대화의 앞부분에서 영희는 학교 교사와 학부모 사이에 있었던 이야기를 한다. 그러다가 가족들의 관심사가 어항 속에 헤엄치며 다니는 물고기로 전환되었다. 한참동안 물고기에 대한 이야기를 하다가 11영희에서 영희는 "아무튼"으로 말을 꺼내며 원래의 화제로 돌아가려고 한다. 이때 12철민과 14철민에서 철민은 "딴 가지로 새지 말고", "그 얘기 말고 저 이야기" 등으로 화제의 응집성을 회복하기 위한 저지를 한다.

청자 지향적 관점의 표현을 하기 위해서 화자는 청자가 쉽게 받아들일 수 있도록 아이디어를 구조화하는 것이 필요하다. 말하고자 하는 바를 시간적 순서나 공간적 순서에 따라서 말한다든지 중요한 것에서 세부적인 것으로, 혹은 세부적인 것에서 중요한 것으로 구조화를 하게 된다면 청자가 쉽게 이해를 할 것이다. 그러나 이것이 보고서처럼 논리정연해야 한다는 것을 의미하지는 않는다. 만약 화제의 비약이 있을 때에는 "난, …를 말하니까 생각났는데" 등의 표현을 적절하게 사용하는 것이 바람직하다.

3.2 청자 지향 관점의 표현 방법

2.2에서 정체성 구성 과정으로서의 응답 선택지에서 열린 표현과 개별적 인식 쪽으로 정체성을 구성할 때 열린 태도를 견지할 수 있다고 논의하였다. 열린 태도에 입각하여 표현의 관점을 선택하는 것으로 청자 지향적 관점의 표현이 있다. 청자 지향적 관점의 표현을 하기 위해서는 화자와 청자 사이의 대인 관계를 중시하는 대화 원리인 상대방 배려의 원리에 따라 표현을 전개해야 한다. 표현을 할 때 상대방 입장을 고려하는 관점이 필요하다. 상대방 배려의 원리에 근거하여 청자 지향적 관점의 표현 방법은 크게 두 가지로 나누어 생각할 수 있다. 그 하나는 문법적 요소로 나타낼 수 있는 구조적 표현 방법이고, 다른 하나는 어떤 문법적 혹은 구조적 장치가 아닌 화용상의 표현이라 할 수 있는 비구조적 표현 방법이다. 구조적 표현에는 어휘적 표현, 의미·통사적 표현 등이 포함되고 비구조적 표현에는 상황적·담화적인 것으로 대화원리에 근거해서 설명할 수 있는 것들이 포함된다.

3.2.1 구조적 표현 방법

구조적 표현 방법에서는 실제적인 말하기 방법을 소개하고자 노력하였다. 청자 지향적 관점의 대화를 진행하기 위한 구체적이고 실제적인 방법을 소개하기 위해 질문법에서부터 어휘 선택과 응답의 방법까지 살펴보겠다. 청자를 고려하는 방법과 화자를 전환하는 방법, 화제의 응집성과 관련하여 방법을 찾아본 것이다.

(1) 열린 질문 방법

청자 지향적 관점 표현의 하나로 질문법 선택이 있다. 질문법에는 대화를 계속적으로 이끌어 나갈 수 있는 열린 질문과 대화를 단절시키는 닫힌 질문이 있다. 열린 질문이란 청자가 계속적으로 화제를 이어갈 수 있도록 배려하는 자세로 질문을 던지는 질문의 유형이다. 반면에 닫힌 질문이란 청자가 계속적으로 이야기를 전개하도록 도와주려는 계획적인 의도가 없고 대답을 예측하지 않고 던지는 질문의 유형이다. 닫힌 질문을 할 경우 대화의 상호 작용이 잘 이루어지지 않고 일방적인 질문과 대답 형식으로 전개되는 경우가 많다.

사회생활 중에 대화 단절을 경험하게 되는 경우가 많다. 오랜만에 만난 사람들끼리도 '안녕하세요'라는 인사를 하고 나면 대화의 소재가 없어서 이야기가 끊어지는 이유는 무엇인가? 다음 예문을 통해 대화가 단절되는 경우와 대화가 계속 이어지는 경우를 청자를 고려하는 관점으로 질문을 한 열린 질문과 그렇지 않은 닫힌 질문에 주안점을 두어 생각해 보자.

| 예 3-18 |

1A : 야! 철수야, 오랜만이다. <u>방학 동안 잘 지냈니?</u>
2B : 응, 잘 지냈어.

▌예 3-19▐

1A : 야! 철수야, 오랜만이다. 너 방학 동안 어디 여행이라도 다녀 왔니?
2B : 응, 지난 주 3박 4일로 제주도에 갔었어. 성산 일출봉하고 여미지를 둘러보았는데 재미있었어. 너는 방학 동안 뭐했어?
3A : 난 …(중략)… 했어.

▌예 3-20▐

1A : 야! 철수야, 오랜만이다. 너 방학 동안 어디 여행이라도 다녀 왔니?
2B : 아니, 여행은 다니지 않았지만 일어학원을 좀 다녔어. 너는?
3A : 나는 …(중략)… 했어.

(예 3-18)에서 1A는 닫힌 질문을 하고 있다. 반면에 (예 3-19)와 (예3-20)에서 1A는 열린 질문으로 대화를 시작하고 있고 2B 역시 열린 질문으로 대화를 이끌고 있다. (예 3-19)와 (예 3-20)에 나타난 열린 질문은 청자의 답변 재량권을 미리 예측해 보고 질문을 선택한 것이다. 질문을 선택할 때 청자의 대답을 미리 예측하면서 청자 관점을 고려해 보아야 한다.

다음 예를 살펴보면 그 차이를 쉽게 알 수 있다.

▌예 3-21▐

1A : 오늘 세미나 재미있었죠?
2B : 예.
3A : 지금 어디에 계시죠?
4B : 한국대학에 있습니다.

(2001년 4월 28일 학회에서의 대화)

▌예 3-22▐

1A : 오늘 세미나 어떤 점이 좋으셨어요?

2B : 신진 학파들답게 시대 변화에 민감한 주제를 선택하여 이론을 전개하는 … 면이 감동적이었어요. 선생님은 무엇이 인상 깊었나요?

3A : 저는 김○○선생님의 발표가 인상적이었어요. 미디어 교육에 대해 저는 …라고 생각하는데 선생님은 어떻게 생각하세요?

(예 3-22)에 나타난 1A와 3A의 질문은 (예 3-21)에 나타난 1A와 3A의 질문에 비해 열린 질문의 형식을 쓴 발화라고 할 수 있다.

열린 질문을 사용하게 되면 청자에게서 심정 토로적인 응답을 유도해 내기가 쉽다. 열린 질문을 하면 답변의 재량권을 청자에게 일임하는 격이 되기 때문이다. 열린 질문을 받은 청자는 자유롭게 자신의 의견을 개진할 수 있고 자신의 일화나 미공개 사실들을 말하게 된다. 그 결과 상호 작용이 원활한 대화를 구성하기가 쉬워진다.

(예 3-22)에 나타난 2B의 답변과 (예 3-21)에 나타난 2B의 답변을 비교해 보면 열린 질문을 받은 (예 3-22)의 2B가 자유롭게 자신의 의견을 말하고 있다. 반면에 닫힌 질문을 받은 (예 3-21)의 2B는 "예"라는 말 한 마디를 하고 나서 더 이상 할 말을 잇지 못한다. "예"라는 답변을 듣고 나서 3A가 또 다른 질문을 하여 대화를 이어갈 수 있을지 모르겠지만 (예 3-22)에서 보여주는 것과 같이 1A와 2B의 상호 작용이 드러나는 대화를 구성하기는 어렵다. 열린 질문에 대한 답변은 대화 상대방에게 새로운 정보를 제공한다는 특징을 지닌다. 새로운 정보의 제공은 다음에 이어질 대화를 구성하는 데 큰 역할을 한다.

열린 질문을 2.2에서 살펴본 정체성 구성하기와 연결하여 보면, 열린 질문은 청자와의 끊임없는 정체성 구성을 형성하려는 대화의 태도가 반영된 표현이라고 할 수 있다. 그러므로 낯선 사람을 만났을 때나 아는 사람을 오랜만에 만났을 때 열린 질문을 첫 질문으로 사용한다면 그 효과는 더욱 크게 나타날 것이다. 열린 질문을 하게 되면 대화 상대방으로부터 새로운 정보를 얻게 되고, 그 새로운 정보의 일부나 전체를 활용하여 친근한 대화를 진행할 수 있다. 반면에 닫힌 질문을 하면 확률적으로 대화 상대방의 참여도를 떨어뜨릴 수 있다. 닫힌 질문은 정보를 확인하는 차원의 확인 질문이나 열린 질문 후 후속 질문으로는 무난하지만 첫 질문으로 닫힌 질문을 사용하는 것은 피하는 것이 바람직하다.

김주환(1991)에서 인터뷰를 하는 사람이 취해야 할 질문법[34]을 언급하고 있다. 공식적인 대화에 해당하는 인터뷰에 적용되는 질문법이지만 일상 대화에도 적용할 수 있으리라 본다. 특히 인터뷰에서 사용하는 질문 유형은 청자를 고려한 질문 유형이라 할 수 있다. 김주환에 따르면 피해야 할 질문 방식으로 두 항목 동시 질문, 동시 대칭 질문(옳은 것과 그른 것을 동시에 묻거나 좋은 것과 나쁜 것을 동시에 질문하는 방식), 택일식 질문(이것입니다 저것입니까 방식), 세 문장이 넘는 질문, 양해나 변명(좀 어려운 질문이 되겠습니다만…따위)을 앞세우는 질문, 진부하고 상투적인 질문(그 동안 어떻게 지내셨습니까 …따위), 예-아니오 유도식 질문 방식을 언급하고 있다. 반면에 유용한 질문으로 광범위하게 자유롭게 답변을 구하는 개방형 질문이나 편안한 태도로 진행하는 자유방담식의 무궤도 자유형 질문 등을 들고 있다.

이원표(1998)에서는 법정에서 이루어지는 질문을 토대로 이론을 전개한 우드베리(Woodbury, 1984)가 말하는 "통제(control)"라는 개념으로 의문문의 유형을 설명하고 있다. 의문문의 유형에 따라 통제의 정도가 달리 나타난다는 것이다. 통제란 "제시된 증거에 대한 자신의 해석을 질문자가 상대방에게 강요할 수 있는 정도"를 의미한다. 그에 따르면 이런 정의

34) 이창덕 외(2000: 362)에서는 질문의 두 가지 종류로 정보를 요구하는 질문(information-seeking questions)과 논쟁성 질문(argumentative questions)을 제시하고 있다. 정보를 요구하는 질문이란 말 그대로 상대방으로부터 정보를 얻어내고자 던지는 질문이다. 반면에 논쟁성 질문이란 상대방이 어떤 태도의 응답을 할지 예측하면서 질문을 던져 상대의 답을 통해 상대를 곤궁에 빠뜨리고자 하는 의도가 있는 질문이다. 청자가 '예'로 대답하거나 '아니오'로 대답하거나 청자를 둘다 곤경에 빠뜨리는 질문이 여기에 속한다. 본고에서 제시한 열린 질문과 닫힌 질문의 상위 영역을 굳이 따진다면 정보를 요구하는 질문이 될 것이다.

하에서 통제력이 가장 적은 의문문 형태는 포괄적 의문사 의문문이다. 의문사 의문문은 증인이 할 수 있는 답변에 선택의 여지가 크다는 점에서 그만큼 통제력이 약하다는 것인데, "왜"나 "어떻게", "무엇"으로 시작되는 포괄적 의문사 의문문은 "누가", "어디서", "언제"로 시작되는 한정적 의문사 의문문보다는 답변에서 요구되는 구체성의 정도가 적기 때문에 통제력이 적은 것으로 보고 있다. 반면에, 질문 중에서 "예", "아니오"같은 대답을 요구하는 가부 의문문은 질문자가 제시한 명제의 내용에 동의를 하거나 반대를 하는 두 가지 가능성밖에 주어지지 않는다. 답변자가 이런 두 가지 선택을 회피할 경우 의문사 의문문의 경우보다 답변을 회피하는 정도가 훨씬 더 눈에 띤다는 점에서, 앞의 두 가지 의문사 의문문보다는 통제력이 강한 것으로 분류하고 있다. 그리고 의문사 의문문과 가부 의문문 중간에 위치하는 것이 선택적 의문문이다. 그러나 가부 의문문도 긍정과 부정에 따라서 통제의 정도에 차이가 있는 것으로 보고 있다. 즉, 긍정보다는 부정의 경우 통제력이 좀 더 강한 것으로 말하고 있다. 한편, 이런 부정 가부 의문문보다 통제력이 더 강한 것은 단언적 의문문과 부가 의문문이다. 우선 단언적 의문문은 "질문자가 그 질문에 표현되고 있는 명제의 진리치를 믿고 있다"는 것을 표현함으로써, 질문자가 긍정의 경우에는 긍정의 대답을, 부정의 경우에는 부정의 대답을 기대한다는 것을 표현하는 기능도 갖고 있다. 또, 부가 의문문을 기본적으로 단언적 의문문과 같은 것으로 보면서, 차이가 있다면 기대되는 대답을 상대방에게 좀더 명시적으로 요구하기 때문에 좀더 강한 통제력을 갖는 것으로 말하고 있다. 이런 논의를 바탕으로 그는 다음과 같은 척도를 제시하고 있다(이원표, 1998: 34).

그림 3-2 의문문의 형태와 통제의 정도

최소의 통제 ↑	포괄적 의문사 의문문
	한정적 의문사 의문문
	선택적 의문문
	긍정 가부 의문문
	부정 가부 의문문
	단언적 의문문
↓ 최대의 통제	부가 의문문

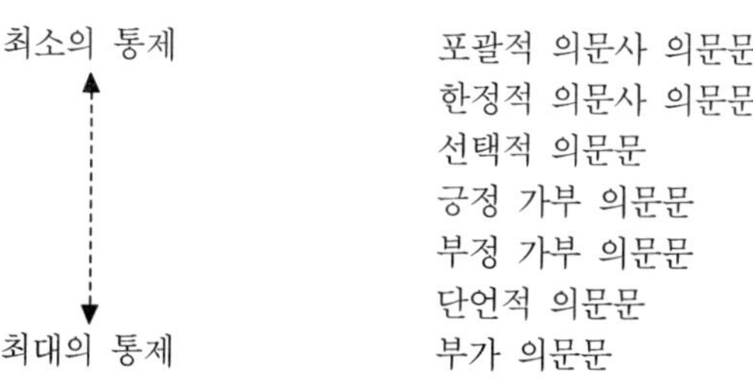

통제의 정도가 적을수록 열린 질문이라고 할 수 있으며 통제의 정도가 클수록 닫힌 질문이라고 할 수 있다. 이를 그림으로 나타내면 다음과 같다.

그림 3-3 열린 질문과 닫힌 질문의 유형

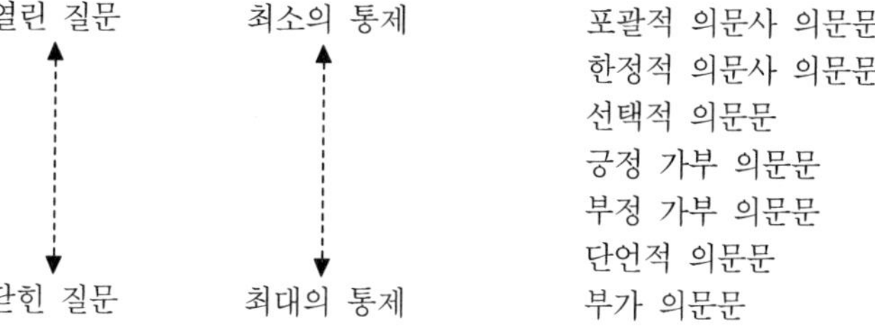

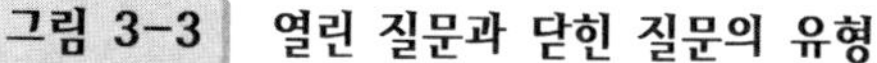

열린 질문 ↑	최소의 통제 ↑	포괄적 의문사 의문문
		한정적 의문사 의문문
		선택적 의문문
		긍정 가부 의문문
		부정 가부 의문문
		단언적 의문문
↓ 닫힌 질문	↓ 최대의 통제	부가 의문문

호의적으로 상호 작용을 통해 대화를 이끌어갈 목적일 경우에는 통제의 정도가 적은 의문문 형태의 열린 질문을 하는 것이 통제의 정도가 큰 닫힌 질문을 했을 때보다 유리하다. 열린 질문은 대화의 전개를 상호 협력적인 관계로 전개해 나갈 수 있도록 도와주는 하나의 방법이 될 수 있다.

(2) 청자 지향 어휘 선택 방법

청자 지향적 관점의 표현을 하기 위해서 고려해야 할 기본적인 요소는 어휘 선택이다. 언어로 표현된 모든 발화의 질은 거기에 주로 동원된 어휘의 질이 어떠하며, 그것들이 얼마나 정확하게 구사되어 있느냐에 따라서 결정되는 것이라고 말할 수 있기 때문이다.(김광해, 1995: 323)

휴대전화 회사의 판매 사원이 (휴대전화를) '사십시오'라는 말 대신 '투자를 하십시오'라는 어휘를 쓴다거나 '그것은 포함되어 있지 않습니다'라는 말 대신 '선택 사항입니다'라는 표현을 씀으로써 청자인 구매자가 휴대전화를 구매하고픈 욕구를 느끼도록 표현할 수 있을 것이다. 스튜워트와 로건(Stewart & Logan, 1998: 75)에서는 어휘를 중심으로 한 사례[35]를 제시하고 있다. 판매 사원이 어떤 어휘를 써서 표현을 하느냐에 따라 소비자의 마음을 움직여 물건을 사도록 하는 효과가 달리 나타날 것이다. 청자 지향적인 관점으로 표현을 하는 사례는 특히 상거래에 있어 두드러지리라 본다. 왜냐하면 상거래의 특성상 청자인 소비자의 마음에 드는 표현을 쓰려는 경향이 확연할 것이기 때문이다. 그러나 청자 지향적인 표현은 상거래에만 국한되는 언어 현상이라고 할 수 없다.

설문 조사를 할 때 질문의 내용이 어떻게 구성되느냐에 따라 응답자

---

35) 휴대전화 회사에서 판매 사원들에게 교육할 때 아래의 왼쪽 어휘 대신에 오른쪽 어휘를 사용하도록 조언한다고 한다.
집(house) → 가정(home)
사다(buy) → 투자하다(invest)
비용, 값(cost) → 투자가치(investment)
일회 분납금(down payment) → 초기 투자비용(initial investment)
흥정(deal) → 제안 혹은 기회(offer or opportunity)
계약(contract) → 동의(agreement)
작은(small) → 아담한(cozy)
큰(large) → 초대형(expansive)
판매원(salesperson) → 상담자(consultant)
위의 몇 가지 예에서 살펴보았듯이 어휘 선택에 있어서도 청자 지향적 관점이 작용한다.

의 반응이 달라진다고 한다. 핵무기에 대해 어떻게 생각하는지 국민들의 반응을 조사하기 위하여 "핵무기에 대해 안전하다고 생각하십니까?"라고 질문했을 때와 "핵무기에 대해 대체로 안전하다고 생각하십니까?"라고 질문했을 때 전자의 경우에 40%가 그렇다고 대답하고 50%가 그렇지 않다고 대답한 반면(10%는 무응답), 후자의 경우는 응답자 수의 50%가 핵무기가 대체로 안전하다고 생각한다고 대답하였고, 36%가 대체로 안전하다고 생각지 않는다고 대답하였다고 한다(Plous, 1993). 이러한 설문 조사의 결과는 어휘를 어떻게 구성하여 질문을 하느냐가 설문 조사 결과도 좌우할 정도로 중요한 요소가 됨을 보여주는 예라 하겠다. 이러한 예는 일상 대화에서도 그대로 적용이 된다.

다음 대화에서 사용된 '처지다'라는 어휘에 대한 반응은 이를 잘 증명해 주고 있다.

▌예 3-23▐

(집에서 남편과 아내의 대화이다. 갑돌이는 이들의 아들이다.)
1영희 : 내 코가, 나이가 들수록 당신 코랑 닮아 가나봐. 코끝이 처지는…
2철수 : 이래도 다른 여자한테는 내 코 예쁘다는 소리 많이 들었어.
3영희 : 왜 그렇게 반응해? 난 당신 코에 대해 평가 안 했는데.
4철수 : 처진다고 했잖아.
5영희 : 내 의미는 어릴 때는 갑돌이처럼 콧구멍이 벌렁했다가 끝이 뾰족해지면서 예뻐진다는 의미로 썼는데.

(2001년 4월 28일 한 부부의 대화)

영희는 '처지다'는 어휘를 부정적인 의미가 아닌 긍정의 뜻으로 사용한 반면 철수는 부정적 의미로 받아들이고 있다. 그 결과 영희는 자신이 사용한 어휘의 의미를 5영희에서 부연 설명하여 관점의 충돌을 피하려는 노력을 하고 있다. 1영희에서 '처지는'이라는 표현 대신에 '뾰족해지는'이라는 어휘를 선택하여 표현했다면 2철수의 발화는 다른 발화로 구성되었을 것이다. 5영희에서 밝히고 있듯이 영희는 철수의 코에 대해 긍정적인 생각을 하고 있다. 그러나 영희의 의도를 철수가 올바르게 이해하지 못하고 있는 것은 일반적으로 부정적인 의미로 통하는 '처지는'이라는 어휘 때문이다.

일반적으로 화자가 사용한 어휘의 함축된 의미를 파악함으로써 청자는 화자의 의도를 다 알 수 있다고 생각하는 경향이 있다. 화자의 진정한 의도를 파악하기보다는 어휘에 드러난 함축적 의미로 화자의 의도를 다 알 수 있다고 청자는 단정짓는 것이다. 그 결과 어휘 자체에 드러난 관점을 추론하여 대화 상대방의 말을 재해석하고 이해하는 경향이 있다. 그 과정에서 간혹 오해가 발생하는 경우도 있다. 그러므로 화자는 청자 지향적인 관점의 어휘를 선택하되, 화자의 의도를 청자가 달리 해석하며 받아들일 여지를 최소화하는 쪽으로 어휘 선택이 이루어져야 한다.

다음은, 같은 상황을 관점을 달리 하여 표현하기 위해 각기 다른 어휘를 선택한 사례이다.

▌예 3-24▐

(15개월 된 아이가 엄마, 아빠 이외에는 다른 말을 하지 못하는 상황을 표현하고 있다.)
과묵형이라 언제 말할 줄 몰라.

(1998년 이웃집 대학생의 말 중에서)

(예 3-24-1)
15개월이나 되었는데 아직 말도 못하네.

(예 3-24)는 어린 아이가 말을 할 줄 모르는 상황을 표현하면서 청자에게 이득이 가는 쪽으로 '과묵형'이라는 어휘를 선택한 경우이다. 그러나 (예 3-24-1)은 같은 상황인데 청자에게 이득이 가지 않는 쪽으로 '아

직 말도 못한다'는 식의 표현을 선택한 경우이다. (예 3-24-1)의 표현으로는 아이의 부모와 원활한 대화를 이끌어 나가는 데 어려움이 따르게 된다. 청자에게 이득이 가는 표현이 아니기 때문에 청자가 민감하게 반응한다면 대화가 어려움에 빠질 수도 있다. 그러므로 청자 지향적인 관점의 어휘 선택이 필요한 것이다. 청자 지향적인 관점의 어휘 선택은 청자에게 이득이 있는 쪽으로 이루어져야 한다. 청자 지향적인 관점의 어휘 선택은 궁극적으로는 상생(相生)의 화법[36]을 구사하는 방법이 된다.

대화는 화자와 청자의 상호 작용으로 구성해 가는 것이기 때문에 화자의 말뿐만 아니라 대화 상대자의 말에 대한 응답이 말하기에서 중요하다. 대화 상대자의 말이 자신에게 거슬리게 들릴 때 대화 상대자가 그런 말을 하게 된 원인을 간접적으로라도 제공했다고 겸손하게 인정하는 것이 필요하다. 원인 제공은 현재의 문제가 아니더라도 청자가 기억하지 못하는 과거에도 가능한 것이기 때문이다. 심리학적으로 보았을 때 화자는 청자에게 한 말은 기억하지 못하는 반면 상대방으로부터 들은 말은 기억[37]한다고 한다. 대화에서 응답은 자신이 한 말에 대한 응답을 하는 것이 아니라 상대방이 한 말에 대한 응답을 하는 것이기 때문에 청자 측면에서 보았을 때는 이순(耳順)의 화법[38]이 필요하다. 화자와 청자는 서로 상생의 화법과 이순의 화법 쪽으로 대화를 이끌어가려

36) 상생이란 서로 산다는 뜻으로 화자와 청자 둘 다에게 도움이 된다는 말하기 법칙이다. http://sang-hwa.org에서는 상생화용이라는 용어로 한국식 말하기를 소개하고 있다.

37) 어느 순간이든 각각의 사람은 다른 사람에게 반응하는 동시에 반응을 불러일으킨다. 우리는 대개 다른 사람들이 하는 말에 우리가 반응한다는 것만 생각하지 다른 사람들의 말이 우리에 대한 반응일 수 있다는 점은 생각하지 못하는 경향이 있다(이용대 역, 1992: 113).

38) 화자 측면에서 상생(相生)의 화법을 설정하고 청자 측면에서 이순(耳順)의 화법을 설정할 수 있다. 원래 이순(耳順)이란 귀에 순하다는 뜻으로 어떤 말을 들어도 세상의 이치를 깨닫는 데 도움이 된다는 의미로 논어 위정편(爲政篇) 제4장에 나오는 말이다. 본고에서는 귀에 거슬리는 말을 들었을지라도 화자의 의도를 긍정적으로 해석하려는 노력이 필요하다는 의미로 이순(耳順)을 사용하여 화법 용어로 명명해 본 것이다.

는 노력을 해야 한다. 상생의 화법과 이순의 화법 방향으로 청자를 고려한 관점의 어휘 선택은 대화의 기본적인 방법이다.

(3) 나 전달법

'나 전달법'이란 주어가 1인칭인 '나'로 시작하는 문장으로 이야기하는 대화 방법을 의미한다. 청자인 너의 문제를 나의 관점으로 바꾸어 말하는 것이다. 청자에게 명령적인 말이나 이익이 되지 않는 말을 하고자 할 때는 나 전달법이 효과적일 수 있다. 직접적으로 상대의 체면을 손상시키지 않고, 나의 심정이나 상태를 직접적으로 표현하기 때문이다.

다음 예는 엄마와 딸의 대화이다.

예 3-25

1숙희 : 엄마, 우리 가족 모두 불꽃놀이 구경가는 거죠?
2엄마 : 넌 숙제나 해.
3숙희 : 엄마는, 항상 그런 식으로 날 떼어 놓고 다녀.

(2000년 12월 이웃집 엄마와 딸의 대화)

(예3-25-1)

1숙희 : 엄마, 우리 가족 모두 불꽃놀이 구경가는 거죠?
2엄마 : 난 자기 할 일을 스스로 하는 딸을 키우고 싶구나. 숙희가 숙제를 다 하고 놀러 갔으면 좋겠어.
3숙희 : 하지만 이번 한 번만…… 알겠어요.

(예 3-25)처럼 2엄마가 숙희에게 직접적인 명령을 하여 상대방의 기분이 상하게 될지도 모른다고 생각되는 경우에 '나 전달법'으로 전환하여 표현하는 방법(예 3-25-1)이 있다. 상대방의 행위를 직접적으로 지적하기보다는 나의 감정이나 느낌을 전달함으로써 요구나 명령을 스스로 알아차리도록 하는 방법이다. '나 전달법'에서는 자기가 느끼는 감정을 솔직하게 드러낼 수 있도록 하는 것이 필요하다. 그 결과 청자가 화자의 심

정을 공감하게 한다. (예 3-25)에서 엄마는 숙희에게 직접적인 명령을 하여 딸의 기분을 상하게 하고 있다. 2엄마의 말에 3숙희는 반갑지 않은 응답을 한다. 반면에 (예 3-25-1)에서 2엄마는 딸의 행위를 요구하는 직접적인 명령 방식을 피하고 자신의 느낌을 전달하고 있다. 2엄마의 말에 3숙희도 반항적인 말투로 응답하지 않고 자신의 입장을 고려해 달라는 식으로 사정하거나 엄마의 느낌에 동감하는 태도로 표현을 하게 된다.

명령이나 요구를 할 경우에는 '나 전달법'이 청자 지향적인 표현 방법이 될 수 있다. '나 전달법'은 관점을 전환하는 방법의 일종으로 청자 지향적 표현을 하는 방법이다. '나 전달법'은 부모와 자녀의 의사소통에 사용하면 효과적이라는 평가를 받고 있다.

송인섭(1998)에서는 자녀와 부모의 의사소통 중 칭찬과 질책의 피드백 과정은 높은 자아 개념을 갖는 데 중요하다고 언급하고 자아 개념을 강화시키는 피드백의 요소로 다음 세 가지를 제시하고 있다.

첫째, 행동 묘사의 진술이다. 부모는 아동을 판단하지 말고 행동을 묘사하는 말을 할 것을 제안하고 있다. 판단을 배제한 객관적인 언어로 행동을 묘사할 것을 제안하면서 '아직까지 방 청소를 하지 않았구나', '가정 통신문에 보니까 영어시험에 아홉 번이나 낙제를 했더구나' 등의 예를 제시하고 있다.

둘째, 행동에 대한 반응이다. 아동들의 행동에 대해 부모가 왜 그렇게 반응하는가를 알게 하기 위해 부모의 반응이라 할 수 있는 감사, 즐거움, 기쁨 또는 성가심 등을 함께 나누어주는 언어를 사용할 것을 제안하고 있다.

셋째, 아동의 감정을 인정하는 것이다.

송인섭(1998)에서 언급한 자아 개념 언어를 청자 지향적 관점의 표현의 하나인 '나 전달법'의 구성에 적용해 볼 수 있다. '나 전달법'의 구성을 보면 첫째, 상황 인식, 둘째, 나의 느낌이나 감정의 표현으로 구성된다.

사람마다 대화 방식이 다르다. 사람마다 각기 다른 대화의 색깔이 있다고 할 수 있다. 직접적인 명령이나 요구를 더 많이 쓰는 사람이 있는가 하면 '나 전달법'처럼 서술 대상을 바꿔 말하는 사람이 있다. 직접적인 명령이나 요구 방법을 선호하는 사람에게 '나 전달법'은 대화의 구성 방식을 바꿔보는 한 방법이 될 수 있다.

(4) 공감적 응대 방법

공감적 응대를 하는 것도 청자 지향적인 표현 방법의 하나이다. 공감적 응대란 청자의 처지를 공감하는 말하기 방법으로 반복을 통하여 '너는 ~하는구나'와 같이 맞장구치기에 해당하는 말하기이다. 공감적 응대는 청자를 열린 태도로 받아들이며 이야기를 전개할 수 있는 청자 지향적인 표현이다.

다음 예에서 두 번째 사례가 공감적 응대를 하고 있는 경우이다.

❙예 3-26❙

1철수 : 전 학교 다니기 싫어요.
2아빠 : 나도 너만할 때는 그렇게 생각했던 일이 기억나는구나. 특히 몇몇 과목들은 아무 쓸모가 없다고 생각했는데, 나중에 보니 그 과목들이 내게 큰 도움을 주었어, 꾹 참고 조금만 더 기다려 보렴.
3철수 : 아빠 시대의 구식 이야기예요.

(예 3-26-1)
1철수 : 전 학교 다니기 싫어요.
2아빠 : <u>넌 학교 다니기가 싫구나.</u>
3철수 : 논술 시험을 봤는데요, 수준이 너무 떨어진데요.
4아빠 : <u>그래 논술 시험을 망쳤구나.</u>
5철수 : 예, 그리고 학교에서 ......

(예 3-26)에서 2아빠는 자신의 과거 경험담을 이야기하면서 아들에게 도움을 주고자 교훈의 말을 하고 있다. 그러나 3에서 철수는 아빠의 의도를 겸허하게 받아들이지 않고 구식 이야기라며 대화를 일축하고 있다. 그 후 (예 3-26)에서 철수와 아빠의 대화는 계속 전개되기 힘들고 대화가 단절될 확률이 크다. 반면에 (예 3-26-1)의 2, 4에서 아빠는 공감적 응대로 일관하고 있어 새로운 정보를 제공하고 있지 않지만 3, 5에서 철수는 자신의 생각을 계속 이야기하고 있다. (예 3-26-1)에서 아빠의 공감적 응대는 철수의 말에 공감을 표현하는 방법이며 청자를 존중하는 방법이 되고 있다.

공감적 응대는 다시 말하기라고 할 수 있는 반복을 구성 요소로 하고 있다. 그러나 반복이라고 했을 때 어휘의 단순한 반복만을 의미하지는 않는다. 다시 말하기처럼 내용이 유사한 것도 반복의 범주에 넣어 공감적 응대 방법으로 볼 수 있으며 다음의 예에서 보듯이 표현의 의도를 읽어 표현하는 경우에도 공감적 응대 방법으로 볼 수 있다.

▌예 3-27▐

철수 : 엄마, 주사 맞아야 돼?
엄마 : 넌 주사가 아플까봐 겁이 나는구나.
철수 : 예. 사실 그래요.

(구현정, 2000: 290 변형)

철수는 "엄마, 주사 맞아야 돼?"라고 표현하고 있지만 표현 의도로 볼 때 주사를 맞으면 아파서 맞기 싫다는 표현임을 알 수 있다. 이러한 표현 의도를 읽어 '넌 주사가 아플까봐 겁이 나는구나'와 같이 공감적 응대를 표현하고 있다.

공감적 응대도 일방적인 공감적 응대와 상호적인 공감적 응대로 나누어 볼 수 있다. 먼저 일방적인 공감적 응대의 예를 살펴보겠다. 다음은 산모에게 무슨 선물을 할 것인지를 논의하는 과정에서 '순자'가 일방적인 공감적 응대를 보이고 있는 경우이다.

|예 3-28|

1명자 : 먹을 거나 뭐…들고가.
2순자 : 먹을 거가 좋겠다. 그지? 과일 같은 거.
3명자 : 과일도 생과일 산모 먹으면 안 좋으니까 미니 토마토 사갖고 가. 씹는 것은 이빨 시니까.
4순자 : 배는?
5명자 : 배도 안 좋아.
6순자 : 으응. 미니 토마토 사 갈까?
7명자 : 으응, 빵을 사 가지고 가든가.
8순자 : 응, 빵이 좋겠다. 산모 먹게.
9명자 : 엠마 [제과점 상호명]거 사든지. 엠마에 가면 카스테라 괜찮아. 그거 사든지. 롤케익 같은 거. 케익 사든지.
10순자 : 선물도 자꾸 해 봐야 해. 뭘 사야 되나.
11명자 : 그 때는 배 고파. 그러니까 베지밀 사갖고 가든지. 베지밀하고 빵하구.
12순자 : 그래 그래. 그렇게 해야 되겠다. 우리 갈게. 잘 있어.

(2001년 3월 21일 대화)

2, 8에서 순자는 반복을 통하여 공감적 응대를 하고 있고 12에서 동의를 통하여 공감적 응대를 하고 있다. 또한 순자는 명자의 생각에 대해 공감적 응대를 함으로써 관점을 공유하게 되는 말하기를 유지하고 있다. 반면에 명자는 순자의 말에 공감적 응대가 아닌 다른 방식으로 자신의 생각을 피력하는 쪽으로 말을 전개하고 있다. 3에서 명자가 "과일 중에서도 미니 토마토가 좋아" 또는 "과일[39]보다는 미니토마토가 낫지"라는 식으로 응대를 했다면 공감적 응대를 하면서 대화를 진행하는 경우라고 할 수 있다. 그러나 "과일도 생과일은 산모 먹으면 안 좋으니

---

39) 미니 토마토를 과일로 볼 것인지 야채로 볼 것인지에 따라 표현이 달라진다.

까 미니 토마토 사 갖고 가라"라고 말함으로써 공감적 응대 방법이 아닌 다른 방식으로 자신의 관점을 논의하고 있다. 이는 상대방을 존중하는 말하기 태도로 보기 어렵다.

새로운 정보나 의견을 제시하는 경우에는 공감적 응대 방식을 쓸 수 없다고 반박하는 견해가 있을지 모르겠다. 그러나 공감적 응대를 하면서 새로운 의견을 제시하는 예를 상호적인 공감적 응대에서도 찾아볼 수 있다.

다음은 상호적인 공감적 응대의 예이다.

▌예 3-29▐

1철수 : 그니까 [그러니까] 회사에 공헌을 많이 하는 사람. 이 사람의 말이 통해.
2영희 : 그렇지, 회사에서는 능력 있는 사람, 기술 있는 사람…
3철수 : 많이 아는 사람, 그 분야에서 전문가로 통하는 사람. 내 분야가 아니면 팥 나라 콩 나라 할 필요가 없어. 내가 잘 모르는데 말해 봐야. 남들이 뭐라고 하나 나는 들어.
4영희 : 그렇지 뭐.
5철수 : 근데.
6영희 : 응.
7철수 : 논리적으로 말해 줄 때, 과학적으로 말해 줄 때는 과학적으로 말하다 항상 유순하다가
8영희 : 뭐라고?
9철수 : 유순하다가
10영희 : 응, 유순하다가
11철수 : 결정적일 때 인상을 팍팍 써.
12영희 : 인상을 팍팍 쓰면…깜짝 놀래?
13철수 : 응, 깜짝 놀라.
14영희 : 통해?

(2001년 2월 14일 남편과 아내의 대화)

위 대화는 두 사람이 공감적 응대 방법을 사용하여 대화를 하고 있는

경우이다. 1에 대해 2의 공감적 응대와 2에 대해 3의 공감적 응대는 부연 설명의 방식으로 이루어지고 있다. 또 9, 10, 11, 12, 13 등에서도 각각 반복이나 부연 설명의 방식으로 공감적 응대가 이루어지고 있다. 철수와 영희는 서로에 대한 이해를 바탕으로 열린 태도로 대화를 이끌어 가고 있음을 알 수 있다.

일방적인 공감적 응대보다는 상호적인 공감적 응대가 대화 참여자 서로를 존중하는 말하기 방법이다. 또한 일방적인 공감적 응대보다는 상호적인 공감적 응대가 관점을 공유하면서 대화 상대자에 대한 열린 태도가 견지되는 말하기 방법이다.

(5) 동의, 그러나 방법

대화 참여자들이 의견의 일치를 보는 경우는 위에서 살펴본 공감적 응대를 하기 쉽다. 그러나 화자와 청자의 의견이 달라 합일점을 찾지 못할 경우에는 공감적 응대 대신에 '동의, 그러나' 방법을 쓰면 청자 지향적 관점의 표현이 된다.

'동의, 그러나 방법(yes, but)'이란 대화자 상호간에 의견이 일치하지 않을 경우에 청자의 의견을 인정하고 자신의 의견을 밝히는 표현 방법이다. 앞부분에서 동의함으로써 청자와의 일치를 강조하고 불일치하는 내용을 뒤에 말하는 표현 방법이다. 자신의 의견을 관철하면서도 청자의 의견을 무시하지 않는 인상을 주게 되는 표현 방법이다.

다음은 전형적인 '동의, 그러나' 방법을 사용하여 대화를 꾸며 본 것이다.

┃예 3-30┃

갑 : 이 옷장을 저쪽으로 옮겼으면 좋겠어요.
을 : <u>저 쪽도 좋지만 그러나</u> 제 생각에는 지금 있는 상태대로 그냥 두는 것이 좋겠어요.

갑 : 그렇지만 낮에 해가 너무 직접적으로 들어서 옮기는 것이 좋겠어요.

을 : 그렇군요. 그 생각은 미처 못 했어요. 그러나 옮기면 집안이 너무 어둡지 않을까요?

을의 표현 방법을 살펴보면 갑의 의견을 앞부분에서 인정하면서 뒷부분에서는 불일치하는 자신의 의견을 표현하고 있다.

실제적인 대화인 다음 예에서 '동의, 그러나' 방법을 찾아보도록 하겠다.

▌예3-31▐

(영훈과 정순은 부부 관계이고 철희는 이들의 아들이다.)

1영훈 : 하루에 혼자 공부하는 시간이 1시간도 안 된데 애들이, 전부다…

2정순 : 응. 학원 가니까?

3영훈 : 학원 가니까. 혼자 공부할 줄을 모른데. 자기 스스로 생각하는 것이 없고, 보고 듣는 것만 한다는 거야, 애들이. 텔레비전도 그렇고… 철희는 학원 안 보낸다. 스스로 공부하는 방법을 터득하게 해야지. 조금 점수가 떨어진다고 학원 보내고 뭐하고 하는 것은 문제다 속으로 생각했었고. 수민이는 지금은 잘 할지 모르지만 중학교 가면 못해. 저렇게 시키면.

4정순 : 재가 문제가 아니고… 그렇지만, 대부분의 아이들이 다 그렇게 하고 있어. 윤진이도 하고 윤구도…

5영훈 : 잘못된 거라구.

6정순 : 잘못되었어도 그렇게 하면 중은 가. [성적이 중간은 간다]

7영훈 : 중밖에 못 가지.

8정순 : 맞아. 근데 그것도 안 하면 잘~ 할 수도 있지만 아주 못 따라갈 수도 있어.

9영훈 : 그 정도까지는 아니지. 부모가 케어하면 [돌보면]. 부모가 케어하기 [돌보기] 싫어서 학원 보낸다는 거야.

10정순 : 부모가 케어하고 싶어도 애들과 소통이 안되고.

(2001년 5월 27일 가족 대화)

(예 3-31)에서 영훈과 정순은, 중·고등학생들의 교육 실태에 대한 논의를 하고 있다. 영훈은 정순이와 대화하기 이전에 다른 교사들과 모여 교육 문제를 논의하였다. 이 내용을 정순에게 전달하면서 자신의 의견을 중간중간 밝히고 있다. 영훈은, 중·고등학생들이 학원에 너무 의존하는 것은 잘못이고, 부모들이 학생들을 학원 교육에 일임하는 것 역시 잘못이라는 견해를 말하고 있다. 5영훈에서 "잘못된 거라구"나 7영훈에서 "(학원에 다녀 공부하면) 중밖에 못 가지"라고 말함으로써 자기 주장을 하고 있다. 이 때 정순은 8에서 "맞아, 근데 그것도 안 하면…"처럼 '동의, 그러나' 방법을 사용하여 영훈의 견해를 인정하면서 자신의 반대되는 견해를 주장하고 있다. 6정순에서는 "잘못되었어도"라고 말함으로써 5영훈의 주장을 인정하고 있다. "동의, 그러나" 방법을 명시적으로 사용하지는 않았지만 의미적으로 본다면 6정순에 나타난 "잘못되었어도"도 '동의, 그러나' 방법에 속한다. "잘못된 것은 인정한다. 그러나…"의 의미로 보아야 하기 때문이다. 그러나 5, 7, 9 등에 나타난 영훈의 표현은 '동의, 그러나' 방법과 거리가 멀어 첨예한 의견 대립을 주장하는 방법이다. 첨예한 의견 대립 자체가 대화의 목적일 수 없기 때문에 재고해 봐야 할 표현이다.

청자를 배려하지 않고 대립적 의견을 제시하다보면 감정에 치우쳐 의견 주장을 하기 쉽다. 화자와 청자 상호 협력적인 대화를 이루기 위해서는 청자를 배려하는 태도를 유지해야 한다. 타인과의 관계 속에서 구성하는 것이 대화이기 때문이다.

번스타인(Bernstein, 1971)이 주장하는 인성 지향적인 호소 방식의 문형을 잘 살펴보면 '동의, 그러나' 방법과 유사함을 알 수 있다. 인성 지향적인 호소 방식은 원래 아동을 통제하는 부모의 말하기 방식과 관련이 있는 것이다. 아동을 통제할 때 명령법을 사용하는 명령적 방식이 있고 호소에 의한 통제 방식이 있다. 호소에 의한 통제 방식은 지위 지향적 호소 방식과 인성 지향적인 호소 방식 두 가지로 구분된다. 지위 지향적 호소 방식은 특별하거나 일반적인 지위의 규범 또는 규칙을 놓고 아동의 행동을 규제하는 것이다. “남자는 울면 안 된다.”와 같은 어법이 이에 속한다. 반면에 인성 지향적인 호소 방식은 아동의 입장을 먼저 이해해주고 아동이 납득할 수 있도록 자세한 상황과 이유를 설명하는 방식이다. 인성 지향적인 호소 방식은 대인 관계의 맥락 속에서 규칙을 배울 수 있도록 도와 주는 말하기 방식이다. ‘동의, 그러나’ 방식은 인성 지향적인 호소 방식에 속한다. 그 결과 ‘동의, 그러나’ 방식은 개인과 개인의 상호 작용적인 사회적 관계가 중요시되는 말하기 방식이다.

(6) 우리 전달법

청자 지향 표현으로 ‘우리 전달법’이 있다. ‘우리 전달법’이란 상대에 대한 명령을 할 상황에서도 직접적인 명령을 피하고 ‘우리 ~하자/합시다’ 등과 같은 청유형 표현을 사용하는 우리가 포함된 표현법이다. 담배를 피우지 말기를 촉구하는 문구를 보면 대부분 “담배를 피우지 맙시다”와 같이 ‘우리[40] 다함께 ~합시다’에 해당하는 표현을 사용하고 있다.

상대를 어떤 일에 동참하도록 호소하거나 청자의 행동을 변화시키려는 의도가 드러나는 경우에 ‘우리’를 사용함으로써 청자에게 강압의 느낌을 감하게 할 수 있다. ‘우리 전달법’은 청자와 화자와의 수평적 관계를 중시함으로써 호소력 있는 표현이 된다. 명령은 명령자가 있고 명령 수령자가 있게 마련이다. 명령은 명령자와 명령 수령자의 관계를 상하의 관계로 규정하는 말하기이다. 반면에 ‘우리 전달법’은 화자와 청자의 관계를 수평적으로 규정하는 말하기이다. 이 때문에 ‘우리 전달법’은 청자 지향적인 말하기에 속한다. 다음 (예 3-32-1)은 (예 3-32)에 비해 ‘우리’라고 화자와 청자와의 수평적 관계를 발화로 나타냄으로써 호소력 있는 표현이 되고 있다.

---

40) 우리나라는 예부터 ‘우리 집, 우리 가족, 우리 아버지, 우리 아들’ 등과 같이 ‘우리’라는 표현을 많이 쓰고 있다. 합리적인 생각으로는 말이 안 된다는 ‘우리 남편’이라는 표현까지 흔히 사용하고 있는 것이 현실이다.

▌예 3-32▌

철수야 방 청소 좀 해라

(예3-32-1)
철수야, 우리 방 청소 좀 하자.

명령 표현 대신에 사용하는 '우리 전달법' 이외에도 '우리'라는 표현이 자주 쓰이는 말하기로는 연설을 들 수 있다. 연설문에서 자주 등장하는 '우리'라는 표현[41]은 청자를 동참하도록 호소하거나 청자의 태도를 변화시키려는 의도가 드러나는 표현이다.

(7) 되묻기 방법

되묻기 방법은 청자에게 의견을 다시 물어봄으로써 스스로 해답을 찾도록 유도하는 말하기 방법이다.

(예 3-33)처럼 '안 돼'라고 거절해야 할 상황에서도 단정적으로 '안 돼'라고 말하지 않고 (예 3-33-1)처럼 거절하게 되는 근거를 제시한 후에 청자의 견해를 물어봄으로써 청자 스스로 거절의 답을 찾도록 유도하는 말하기가 되묻기 방법이다.

▌예 3-33▌

철수 : 엄마, 나 바나나 우유 사 주세요.

---

41) 다음은 1997년 대통령 후보에 나선 정치인들의 연설을 분석한 기사 내용이다.
신한국당 이회창 후보는 '우리'를 모두 67번 사용했다. 그 가운데 '우리 국민'과 '우리나라'를 각각 9, 12번 쓰는 등 집합적 개념을 부각시켰다. …(중략)… 국민회의 김대중 후보는 82번 가운데 19번을 자신의 정당 앞에 사용했다. 후보 개인간의 인물대결 구도가 아닌, 여야 정권교체의 책임정당으로서의 이미지를 각인시키려는 전략으로 풀이된다. …(중략)… 이인제 경기지사는 '우리'를 가장 애용한 경우. 모두 1백47번을 썼다. 국민・나라는 물론 지역・공무원・젊은이・경제・치안당국, 나아가 '우리 한총련'이라고도 썼다. 국가・국민 같은 전체적 차원보다 다양한 집단들과 친화감을 형성하려는 전략으로 풀이됐다(1997년 8월 5일자 중앙일보 박정호 기자).

엄마 : 안 돼.
철수 : 왜요?
엄마 : 냉장고에 흰 우유 많잖아.
철수 : 엄만, 항상 엄마 맘대로야.

(2000년 11월 이웃집 엄마와 아들의 대화)

(예3-33-1)
철수 : 엄마, 나 바나나 우유 사 주세요.
엄마 : 냉장고에 있는 흰 우유가 많은데 어떻게 하면 좋을까? 철수 생각은 어때?
철수 : 그럼 흰우유 한잔 마시고 바나나 우유 사면 좋겠어요.
엄마 : 그렇지만 흰우유 다 먹고 바나나 우유는 내일 사면 안 될까? 철수는 어떻게 생각해?

우리나라 사람들은 일반적으로 거절을 할 때 상대방이 자신보다 지위가 낮으면 그냥 짧게 거절을 하고, 상대방이 자신보다 지위가 높으면 아주 길게 변명과 이유를 들어 미안한 감정을 표시하는 경향이 있다. 즉, 상대방의 사회적 지위에 따라서 거절의 유형이 달리 나타나기도 한다. 그러나 상대방의 지위나 친소관계 여하에 관계없이 거절을 할 때 청자를 고려하여 청자에게 최소한의 불이익이 가도록 노력하는 말하기가 필요하다. 되묻기는 거절을 직접적으로 하지 않고 청자가 스스로 답하도록 함으로써 청자에게 끼치게 되는 불이익을 최소화하는 방법 중 하나이다.

되묻기는 공감적 응대와 아울러 함께 사용할 수도 있다. 되묻기를 할 때 구체어를 사용하여 구체적인 반응을 유도하도록 하는 되묻기 방법이 있다.

(8) 간접 표현 방법

간접 표현 방법은 기본적으로는 발화문의 의미에 기초하지만, 화자와 청자와의 관계, 화자의 의도와 태도, 상황, 배경, 관습 등과 관련하여 간접적으로 의도를 드러내는 복합적인 표현 방법이다.

우리나라는 전통적으로 명령을 할 때 직접적인 명령을 하기보다는 속담을 사용하여 명령을 하거나 간접 표현으로 명령을 하는 방법을 택해 왔다. 명령이라는 것이 상대방에게 부담을 주는 것이고 상대방의 행위를 요구하는 것이기 때문에 간접 표현을 선호하였다. 다음 예문을 통하여 구체적인 간접 표현을 살펴보겠다.

예 3-34

순희야, 백짓장도 맞들면 낫단다. 이것 좀 잡아라.

예 3-35

안전 운전하세요.

(예 3-35-1)
저도 크면 아빠처럼 운전할래요. 도로교통안전협회

(육교에 부착된 홍보 문구)

예 3-36

철수 : 엄마, 퀵보드 사 주세요.
엄마 : 안 돼.

(예 3-36-1)
철수 : 엄마, 퀵보드 사 주세요.
엄마 : 엄마가 생각해 볼게.

(예 3-34)는 옛날 할머니들이 이불커버를 풀먹이면서 며느리, 손녀들에게 자주 썼던 말 중 하나이다. 속담을 인용하여 말을 함으로써 직접적인 표현인 "나를 좀 도와다오"라는 표현을 완곡하게 말하고 있다. 직접적인 명령을 피하고 간접 표현 방법을 쓰고 있는 것이다. 이와 같이

나이든 세대와 이전 세대의 어른들은 말을 할 때 속담을 흔히 사용하였다. 속담을 적절하게 혼용하여 말을 하는 것이 보편화된 문화였다. 전통적인 말하기 방식 중 속담을 인용한 말하기는 돌려 말하기 방식에 해당한다. 돌려 말하기 방식이 곧 간접 표현 방법이다.

(예 3-35-1)은 도로교통안전협회의 홍보 문구이다. (예 3-35)는 홍보 대상으로 삼고 있는 운전자들에게 직접적인 명령의 형식으로 표현을 한 경우이다. 그러나 (예 3-35-1)은 운전자에게 명령을 하는 의도를 표면적으로 드러내지 않고 간접 표현을 함으로써 청자를 고려한 말하기를 하고 있다. 게다가 (예 3-35-1)은 가족 관계에 있는 아들이나 딸이 말하는 형식을 빌어 안전 운전을 부탁하는 방법을 사용함으로써 명령형을 쓰는 방법보다 홍보 효과를 극대화하고 있다. 간접 표현을 썼기 때문에 청자를 고려했다기보다 청자를 고려하다보니까 간접 표현을 쓰게 된 경우에 해당하는 사례로 해석해야 할 것이다.

(예 3-36)과 (예 3-36-1)은 평범한 한 가정에서 실제 있었던 엄마와 아들의 대화 중 일부를 따온 것이다. 아들인 철수의 요구를 거절하고자 할 때 직접적으로 "안 돼"를 쓸 것인지 간접적인 거절의 형태인 "생각해 볼게"를 쓸 것인지를 비교한 것이다. (예 3-36)에 비해 (예 3-36-1)은 청자 지향적인 표현이라 할 수 있다. 상대방의 감정을 손상시키지 않으면서 자신의 주장을 관철하고 있는 간접 표현[42]이기 때문이다.

언어의 기능 중 정보 전달의 기능 못지 않게 중요한 것이 감정이나 의

---

42) 이장호(2000)에서는 간접 표현보다는 직접 표현이 의사소통을 촉진한다고 보고 있어 본인의 견해와는 일부 상반된다.
자기의 말에 책임을 지며 상대방의 인격을 존중하는 태도를 바탕으로 한다면, 직접적인 표현은 거의 언제나 의사소통을 촉진하는 것이다. 반대로 간접적이고 복선을 띤 표현은 일시적인 자기 보호는 될지 모르나 대화를 피상적으로 흐르게 하고 화제의 초점을 분산시키는 것이다(이장호, 2000: 342).
그러나 간접 표현이나 직접 표현 둘 중에 하나가 의사소통을 촉진한다고 일반화할 수 있는 문제는 아니다. 대화 상황과 대화 상대자의 문화, 연령, 기분, 성격, 가치관 등 다양한 요인에 따라 효과는 달리 나타날 수 있기 때문이다.

견을 교환하고 다른 사람의 일에 개인적 관심을 표명함으로써 대인 관계를 강화하는 기능이다. 청자에게 불쾌감을 주는 언어 행위를 피하기 위해 정보 전달의 기능을 완벽하게 충족시키지는 못하지만 그 해석이 명확하지 않은 간접 표현을 씀으로써 상대에 대한 배려를 하고자 하는 경우가 있다. 이영래(1992)에서는 화자의 참된 의도가 문자 외적인 의미로서 전달되는 간접언어행위를 대인 관계를 강화하는 기능의 표현으로 보고 있다.

어떤 발화에 의해 제시된 새로운 정보가 화맥에 대한 효과가 크면 클수록 발화를 해석해 내는 사람에게 연관성은 더 커진다. 그 결과 화맥 효과가 큰 정보는 해석하기가 쉽다. 직접 표현이 여기에 해당한다. 반면에 정보의 처리에 비용 - 노력과 시간 - 이 요구된다는 것을 생각하면, 새로운 정보를 처리하는 비용이 높으면 높을수록 정보를 처리하는 사람에게 연관성은 덜해진다. 간접 표현이 여기에 해당한다. 이상적인 것만 따진다면 그 처리(해석)에 최소의 비용을 들여 최대의 화맥 효과를 줄 수 있는 상황에서 새로운 정보를 처리하게 되는 것이 가장 좋을 것이다(이영래, 1992: 28). 그러나 실제 언어 표현에서는 처리에 드는 비용과 화맥 효과가 반비례 관계로 나타나는 경우가 대부분이다. 언어의 경제성 측면에서 따져 본다면 간접 표현은 비경제적이라고 할 수 있다. 청자의 처리 비용이 직접 표현에 비해 많이 들기 때문이다. 그러나 언어의 경제성에 위배되더라도 간접 표현을 쓰는 이유는 대인 관계를 중시하기 때문일 것이다.

3.2.2 비구조적 표현 방법

앞에서 살펴본 구조적 표현 방법이 특정 구문 위주의 표현 방법을 다루었다고 한다면 비구조적 표현 방법을 다루는 본 항에서는 청자 지향적 관점의 표현을 위한 대화의 원리에 근거하여 구체적인 표현 방법을 논하고자 한다.

대화의 원리는 원래 대화의 방법보다 한 차원 위에 있는 규칙이다. 따라서 방법은 상대적으로 구체적이고 부분적인데 비해 원리는 상대적으로 추상적이고 전체적인 성격을 지닌다.

그라이스(Grice, 1975)는 대화를 언어라는 매개체를 가지고 서로가 서로를 도와가며 공통의 목표를 달성해 가는 과정으로 보고 이를 설명하기 위해 협력의 원리를 주장하였다. 협력의 원리는 대화의 가장 기본적인 전제인 상호성에서 기인된 것이다. 이 원리를 구현하는 기법과 규칙을 격률(maxim)이라고 명명하고 대화자가 지켜야 할 격률을 대화 행위의 여러 특성에 따라 양의 관한 격률, 질에 관한 격률, 관계에 관한 격률, 태도에 관한 격률 등 네 종류를 제시하였다. 그리고 이들 범주의 하위에 개별적인 격률을 설정하여 총 9개의 격률을 제시하였다. 그라이스가 제시한 아홉 개의 격률은 다음과 같다.

(가) 양에 관한 격률

1. 대화의 목적에 필요한 만큼의 정보만을 제공하라.
2. 대화의 목적에 필요한 것 이상의 정보는 말하지 말라.

(나) 질에 관한 격률

1. 거짓이라고 믿는 것은 말하지 말라.
2. 적당한 증거를 가지고 있지 않은 것은 말하지 말라.

(다) 관계에 관한 격률

1. 말하는 것이 대화의 내용과 직접 관련이 되도록 하라.

(라) 태도에 관한 격률

1. 표현의 애매성을 피하라.
2. 중의성을 피하라.
3. 간결하라.
4. 순서를 지켜라.

원래 그라이스(Grice)가 협력의 원리를 제안하게 된 이유는 함축적 표현을 설명하기 위한 것이었다. 화자의 관점에서는 가능한 범위에서 협력의 원리를 준수하겠다는 마음가짐으로 대화를 나누는 것이 바람직한 대화의 방법이 된다. 그러나 청자의 관점에 있을 때는 상대방이 협력의 원리를 위배한 것에 대해 불쾌해 하고 대화를 단절하기 전에 의도적인 위배가 아닌지를 살펴보고, 대화상의 함축을 찾으려는 적극적 자세를 가지는 것이 바람직하다(구현정, 1997: 104).

협력의 원리는 표현 과정과 이해 과정 모두에서 적용되며, 이른바 비협력적인 상황에서도 그 격률들은 적용이 된다. 그러나 협력의 원리는 언어의 정보 전달의 기능에만 초점이 놓여 있는 것이어서, 화자와 청자 사이의 사회적인 관계를 형성하고 유지하는 기능을 고려하지 못하였다(이성영, 1995: 306).

그러므로 화자와 청자 사이의 대인 관계를 고려하는 대화 원리의 도출이 필요하다. 청자 지향적 관점에서 상대방 배려의 원리라는 대화 원리를 도출할 수 있다. 표현을 할 때, 화자의 의도보다는 상대방의 태도 변화나 심정에 호소하기 위해 표현하고자 하는 내용을 상대방 입장에서 표현하는 원리를 상대방 배려의 원리라고 부르기로 한다. 이 원리의 하위 방법으로는 입장 바꾸기 방법, 화자의 판단 유보하기 방법, 청자 지식의 공유화 방법 등이 있다.

다른 사람과의 관계를 보다 호의적으로 진행하고 싶은 것이 모든 인간의 공통적 이상이라고 볼 때 상대방 배려의 원리는 이런 관계의 유지를 위해 지켜야 할 대화의 원리이다. 언어가 원만한 사회적 관계를 유지하기 위한 수단으로서의 역할이 중시되는 오늘날 상대방 배려의 원리에 따른 표현의 모색은 그 필요성이 절실하다.

(1) 입장 바꾸기 방법

청자 지향적 관점으로 표현하려면 입장을 바꾸어 생각해 보는 방법이 있다. 이를 국어 교육의 표현 교육에서 지도하게 된다면 언어의 상호 작용으로서의 의사소통 기능을 학생들이 쉽게 이해하고 활용하게 하는 데 도움이 된다.

다음의 간단한 예를 통해 입장 바꾸기 방법을 생각해 보자.

예 3-37

(아이가 집을 보고 있고, 아이의 엄마가 시장을 갔다 와서 벨을 누른다.)
아이 : 누구세요?
엄마 : 엄마야.

(예3-47-1)
(아이가 집을 보고 있고, 아이의 엄마가 시장을 갔다 와서 벨을 누른다.)
아이 : 누구세요?
엄마 : 나야.

(예 3-37)에 나타난 '엄마'의 대답은 아이의 입장에서 보았을 때 엄마이기 때문에 청자를 배려한 말하기 표현이고 (예 3-37-1)에 나타난 대답은 화자 입장의 표현이다.

한국어는 철저하게 상대 지향으로 된 청자 중심의 언어이다. 상대에 대한 대우법 체계가 철저하게 발달되어 있다든지, 거리 표현이 상대 중심이라든지, 질문에 대한 가부의 판단이 상대의 진술을 중심으로 하여 이루어지고 있는 사실이 이것을 잘 설명해 주고 있다(김종택, 1984: 88-89).

예 3-38

남편 : 김양 집에 안 왔던가요?
아내 : 아까 다녀 갔어요.

예 3-39

엄마 : 고모 어디 가셨니?

아들 : 할머니하고 나가셨어요.

▌예 3-40▐

A : 점심 안 먹었어요?
B : 예, 아직 점심 안 먹었습니다.

(예 3-38)은 집으로 '김양'을 보내 놓고 아내에게 전화를 할 때에, 분명히 '김양'은 자기를 떠나 집으로 갔지마는 상대인 아내를 기준으로 "왔던가요"라는 표현을 쓰고 있는 경우이다. (예 3-39)는 (예 3-37)과 비슷한 사례이다. 화자인 엄마 입장에서의 고모가 아니라 청자인 아들의 입장에서의 고모를 지칭하면서 말을 하고 있다.

(예 3-40)은 부정 의문문에 대한 대답에서 가부의 판단이 상대의 진술을 중심으로 하여 이루어지고 있는 경우이다. 점심을 먹었느냐 안 먹었느냐 하는 사실 중심이 아니라, 상대방이 묻는 질문에 대한 긍정 또는 부정 위주로 답변을 하고 있는 것이다. 말하는 사람 위주로 가부를 말하는 영어와 대조적이다.

(2) 화자의 판단 유보하기 방법

청자 지향적인 관점으로 표현을 하여 자신의 주장을 강압적으로 주장하기보다는 청자에게 판단을 맡겨서 자신의 주장을 하는 경우가 있다. 이러한 표현이 화자의 판단을 유보하는 표현 방법이다.

▌예 3-41▐

외국에서는 에스컬레이터를 이용할 때 한쪽을 비워두는 모습을 볼 수 있다. <u>좋은 점이라면 본받을 수도 있겠다.</u> 이용하는 사람들이 많아서 붐비는 경우라면 어쩔 수 없다지만 그렇지 않으면 <u>한쪽으로 비켜 서 주면 좋지 않을까 한다.</u>

(동아일보 1997년 10월 16일자 39면)

▌예 3-42▐

기차나 전동차는 대부분 종착역을 앞두고 잊은 물건이 없느냐는 방송을 해 도움을 준다. 분실물 발생을 줄이기 위해 아예 정차시마다 『이번 정차역은 ○○역입니다. ○쪽으로 내리시고 잊으신 물건 없이 안녕히 가십시오』라고 안내방송을 바꾸면 어떨까.

(동아일보 1997년 10월 16일자 39면)

위 예문은 단정적인 표현을 회피함으로써 화자의 판단 감추기 표현을 한 것이다. (예 3-41)에서 밑줄 친 부분에 유의하여 살펴보면 '한쪽으로 비켜서라.(비켜서자.)'는 표현 대신에 '한쪽으로 비켜 서 주면 좋지 않을까 한다'는 표현을 함으로써 화자의 판단을 보류하여, 청자에게 자신의 의견에 대해 고려해 보고 판단하라는 여유를 남기고 있다. (예 3-42)에서도 '안내방송을 바꾸면 어떨까'라고 제안을 한 가지 덧붙이는 형식을 사용하여 청자의 판단과 결정을 촉구하고 있다.

▌예 3-43▐

군사, 정치, 경제마저도
이땅은 코메리카?

-사범대 학생회- (1997년 12월 서울대 대자보에서)

(예 3-43)은 IMF의 신탁통치 사건을 풍자, 비판한 문구이다. 단정적인 표현 대신에 청자에게 물음에 대답하며 생각할 여지를 남기고 있는 글이다.

화자는 단정적으로 자신의 판단을 표현할 수도 있고 화자의 주장을 보여주는 차원으로만 제시하는 방법을 택하여 표현할 수도 있다. 이때 단정적인 표현보다는 주장을 보여주는 표현에 청자의 판단 몫이 남아 있다고 할 수 있다. 화자의 명확한 판단을 전달하는 표현에 비해 설득

력은 부족할지 모르지만 청자의 입장을 고려한 표현이 될 수 있다. 화자의 의견임을 밝히고 청자에게 화자의 판단을 강요하지 않는 태도가 드러나는 표현이 화자의 판단 유보하기 방법이다.

화자의 가치 판단 없는 진술이 청자의 부담을 감해 준다는 견해가 있다.

> 특히 친밀한 인간 관계를 형성하기 위한 대화에서는 꼭 할 말이 있어서 하는 것이 아니라, 그저 대화를 나누는 데 의미가 있는 경우가 적지 않다. 예컨대, '비가 좀 더 와야 하겠지요?', '빨리 더위가 가셔야 하겠지요?', '산에는 역시 소나무가 제일이지요?' 등과 같은 질문은 상대방의 감정이나 의지와 배치될 여지가 충분히 있으며, 따라서 완전한 대화를 위해서는 경계하지 않으면 안 된다. 이것을 '비가 오랫동안 안 왔지요?', '아직도 꽤 날씨가 덥군요', '산에 나무가 꽤 무성하군요' 등과 같이 가치 판단 없는 진술을 한다면, 상대방은 부담 없이 취향에 따라서 그 화제를 받아 이야기를 계속할 수 있게 될 것이다.
>
> (김종택, 1984: 270)

대화에서 가치 판단을 내포하고 있는 말이나 직접적이고 자극적인 말을 쓰는 경우 특별한 배려를 하지 않으면 안 된다.

▍예 3-44▍

(혜수와 미영은 자녀에 대한 이야기를 하고 있다.)

혜수 : 국민학교 이학년.

미영 : 너 닮았음 이쁘겠다. 기억 나니? 나아 너 무진장 부러워했었잖니. 공부 잘하겠다, 이쁘겠다. 난 너 잘 나가는 캐리어 우먼이라도 되어 있을 줄 알았더니 <u>너도 별 볼 일 없구나?</u>

(중략)

미영 : (둘러보고 물 받아 마시고) <u>생각보다 살만 하구나아? 난 좁아서 어떻게 사나 했는데.</u>

혜수 : (콱 기분 상하고)

미영 : 근데 너 뭐하길래 내가 찾아 올 때까지 연락도 안 하니?

혜수 : 어쩌다보니까 그러네. 청소하고 살림하고.

미영 : 아주 대충하고 살어 얘. 청소 할 것도 없겠구만.

(2000년 10월 27일 KBS 사랑과 전쟁 대본 중에서)

이 드라마에서 미영과 혜수는 고등학교 동창인 친구 관계이다. 미영은 60평의 아파트에 살면서 골프나 헬스장을 다니면서 여유롭게 살고 있고, 혜수는 25평의 아파트에 살면서 은행 융자를 갚기 위해 식당 점원을 하며 살고 있다. 위 예문의 앞부분에서 미영과 혜수가 졸업 후 처음 만나 대화를 하였고 위 예문은 혜수가 미영이의 집에 처음 놀러와서 나누는 대화 내용이다. "나아 너 무진장 부러워했었잖니. 공부 잘하겠다, 이쁘겠다. 난 너 잘 나가는 캐리어우먼이라도 되어 있을 줄 알았더니 너도 별 볼 일 없구나?"에서 밑줄 친 부분은 개인의 부정적 판단이 드러난 표현이다. 이 부분의 대화로 청자의 기분은 몹시 상했을 가능성이 있다. 예문이 드라마 대본이기 때문에 작가가 의도한 갈등 상황을 전개하기 위해 이러한 표현을 썼다는 것은 무시할 수 있다. 그러나 일상 대화 상황에서도 이러한 표현을 쉽게 찾아볼 수 있다. 화자의 판단을 유보하는 방법을 사용했다면 갈등을 줄일 수 있다. 또 "생각보다 살만 하구나, 난 좁아서 어떻게 사나 했는데"와 같이 개인의 가치 판단이 개입된 표현은 청자에게 부담을 주는 표현이다.

이와 같이 대화 상대자의 이야기에 대해서 도덕적 평가나 가치 판단을 내리는 것도 대화의 장애 요소가 된다. "그건 잘못이야"라고 말하기보다 "나는 그런 생각에 찬성할 수가 없어"라고 말하는 것이 보다 대화적인 표현이다. 이장호(2000: 342)에서는 평가적인 반응보다는 상대방의 이야기가 나에게 어떻게 비쳐졌는가를 '느낌의 형식'으로 말하는 것이 바람직하다고 논의하고 있다.

(3) 청자 지식 공유화 방법

대화 참여자들이 공통된 화제로 대화를 유지하기 위해 청자 지향 지식 공유화 방법을 사용한다. 청자 지식 공유화 방법이란 화자 자신이 생각하는 지식이나 정보를 청자가 이해할 수 있는 수준으로 화자가 고쳐 표현함으로써 청자가 쉽게 화자의 표현을 이해하고 받아들이도록 하는 결과를 낳거나 대화 참여자들이 화제를 공유하도록 하는 효과가 있는 방법이다.

청자 지향적 관점을 선택하게 되면 청자의 입장에서 청자의 지식 수준이 어떠할지를 고려하기 때문에 청자와 지식을 공유하려는 노력을 끊임없이 하게 된다. 청자와의 지식 공유 여부를 두고 상호 작용이 계속적으로 이루어질 때 청자가 이해하기 쉬운 대화가 될 것이다. 다음은 청자와 지식을 공유하지 못한 대화의 예이다.

예 3-45

A : 시골 우리 집에 게사니 있어.
B : 게사니가 뭔데?
A : 게사니 몰라? "꽥액꽥액" 그러는 거 있잖아.
B : 오리 말이야?
A : 아니 오리 말고, 게사니 말이야. 너 게사니도 몰라?

(구현정, 1997: 215)

A는 '거위'를 지칭하면서 '게사니'라는 평안도 방언을 사용하고 있다. A와 B가 동일대상을 지칭하는 용어를 공유하지 못해 대화가 단절되고 있다. 청자와 지식을 공유하려는 화자의 배려가 있어야 한다.

청자와 지식을 공유한다는 것은 화제를 공유하는 경우까지 적용해 볼 수 있다. 다음은 낯선 사람과 만나 대화를 할 때 상대방이 표현하는 정보로 사람을 이해하고 화제를 선택하여 대화를 전개하고 있는 예이다.

예 3-46

(두 명의 T대학 교수 A, B와 한 명의 시간 강사 C와의 대화이다.)

1A : 요즘 학비 대주고 100만원 준다고 해도 실험실에 안 온대. 요즘 석사 과정에 오는 애들도 양다리 걸치고서 이 학교 저 학교 비교하고 간다는 거야. 인터넷에 보면 130만원, 200만원 준다는 실험실도 있대.
2C : 끼어들어 죄송한데요, 무슨 과가 그래요?
3A : 생명공학과입니다.
4C : 예↗. 요즘 연구비 따야 되나브죠 [되나보죠]? 회사처럼 돈 되는 사업해야겠어요. 회사하고 조인하여 연구 지원 받든지.
5B : 이 친구 1억짜리 사업 땄어요.
6C : 어느 회사하구요?
7A : 제일제당이요. 기능성 당 개발하는 건데요. 아직 확정된 것은 아니에요. 6월말에 발표 있어요.
8B : 경쟁 실험실 없으니 확정된 거나 다름없어요.
9C : 제가 아는 사람도… 선생님은 무슨 과(科)이신가요? 같은 과세요?
10B : 아니에요. 전 기계설계학과예요.
11C : 예, 공대…전 국어과예요.

(중략)

12B : 전 온 지 얼마 안 됐어요. 작년에 왔어요.
13C : <u>예, 전 시간강사예요.</u>
14B : 어디 어디 다니세요?
15C : 여기랑 H대요.
16B : T대랑, H대 어디가 아이들이 나아요?
17C : H대학이 좀 나아요. 공대는 학부생들이 실험 못한다고 하던데. 어때요?
18B : 요즘 좋아졌어요. 3월부터 새 건물에서 하는데 아주 좋아요. 에어컨도 있고.
19C : 예.

'중략' 부분에서 T대학에 대한 화제로 이야기가 전개되다가 13C에서 C가 시간강사라는 신분을 밝히자 화제가 갑자기 바뀌게 된다. 그리고 같은 대학의 대학 동료가 아니라는 것을 확인하면서 T대학에 대한 소개로 화제가 바뀌게 된다. 화제 선택을 청자와 공유하는 쪽으로 선택하는 배려가 드러남을 알 수 있다. 청자 지식 공유화 방법으로 청자 지향적 관점의 화제를 선택할 수 있다.

제 4 장 청자 지향 표현의 교수 학습

4.1 현황과 문제점

4.1.1 청자 지향 표현의 실태와 인식

일상적인 대화에서 청자 지향적 표현의 사용 여부와 대화를 할 때 고려하게 되는 요소의 유형을 살펴보고자 13문항의 질문을 작성하여 설문조사를 실시하였다. 본 조사는 설문지를 이용한 지면설문조사이다. 설문지의 문항은 객관식으로 만들어졌으나 혹시 답지에 없는 응답이 나올 경우를 대비하여 직접 적어 넣을 수 있는 기타 란을 두기도 하였다. 각 문항에 가장 적절하다고 생각되는 한 가지의 답을 해줄 것을 요청하였으나 복수응답을 배제하지는 않았다. 조사 내용은 청자를 고려하는 말하기 영역 중 언어적 요인을 중심으로 이루어졌다. 조사 내용은 크게 세 부분으로 나뉜다. 첫째, 대화 지도의 실태와 필요성 여부에 대한 조사이다. 둘째, 청자 지향적 표현의 사용 실태와 청자 지향적 표현에 대한 인식에 대한 조사이다. 셋째, 대화시 고려하는 청자 요소의 세부 사항에 대한 조사이다.

조사 대상이 된 학생 집단은 세종대학교 회화과, 디자인과, 패션디자인과, 음악과 학생 149명과 한양대학교 학생 36명을 대상으로 하였다. 학년은 세종대학교의 경우 '교양 국어·작문'을 수강하는 학생을 대상으로 했기 때문에 주로 1학년 신입생이 대부분을 차지하였다. 또 한양대학교의 경우는 '교사와 화법'이라는 공통교양과목을 수강하는 학생을 대상으로 했기 때문에 1학년에서 4학년까지 학생들이 비슷한 비율로 섞여 있었다. 설문조사 내용에 학년간의 차이가 응답에 차이를 발생시킬지도 모른다는 가정 아래 세종대학교와 한양대학교 학생들의 조사 결과를 따로 산출한 다음 합산하여 결과를 분석하는 방식을 따랐다. 그러나 분석 결과 학년에 따른 인자가 결과에 영향을 미치지 않는 것으로 드러났다.

조사는 2001학년도 3월 첫 주 첫 시간(2001년 3월 6일과 2001년 3월 8일)에 실시되었다. 첫 시간을 조사 시기로 선정한 것은 강의를 통한 학습 결과가 조사 내용에 반영되는 것을 방지하고자 하는 의도 때문이다. 이 조사를 통해 학생들의 언어 사용 양상을 살펴보고, 중·고등학교 말하기 교육에서 대화를 지도할 항목을 선정하는 데 도움을 받고자 하였다. 설문지는 연구자가 직접 배포, 수집하였으며 92.5%의 설문지가 회수(200부 중 185부 회수)되었다. 수거된 설문지의 결과 분석에는 통계 프로그램을 이용하지 않았으며, 각 문항마다 '해당 항목에 대한 응답자수/ 표본집단의 수'를 백분율로 계산하였다.

설문 1번과 설문 2번은 중·고등학교에서 시행되는 말하기 지도에서 대화에 대한 지도의 비중을 살펴보고자 하는 의도에서 작성된 것이다. 중·고등학교 때 대화 방법에 대한 말하기 교육을 받은 경험이 있느냐는 질문에는 전체 응답자수인 185명 중 147명이 '없다'고 응답하여 전체응답자의 79.5%를 차지하였다. 중·고등학교에서 효과적인 대화 방법에 대해 가르칠 필요가 있다고 생각하느냐는 질문에는 전체 응답자인 185명 중 173명이 '있다'고 응답하여 93.5%가 그 필요성을 실감하고 있는 것으로 드러났다.

|설문 1| ○○님은 중·고등학교 때 대화하는 방법에 대한 말하기 교육을 받은 경험이 있습니까?

항 목	교육을 받은 경험이 있다	교육을 받은 경험이 없다
비율(%)	20.5	79.5

|설문 2| 중·고등학교에서 '효과적인 대화 방법'에 대해 가르칠 필요가 있다고 생각하십니까?

항 목	가르칠 필요가 있다	가르칠 필요가 없다
비율(%)	93.5	6.5

설문 3은 손아래 사람에게 명령을 할 상황에서 어떤 표현을 자주 사용하는지를 파악하기 위한 것이었다. 일반적으로 명령법(34.1%)과 '우리 전달법'(39.5%)을 비슷하게 사용하는 것으로 드러났다. 그러나 청자 입장에서 어떤 표현이 듣기 좋을 것 같은지를 물어본 설문 4에서는 명령법이 2.2%를 차지하고 '우리 전달법'이 58.4%를 차지하는 것으로 밝혀졌다. 손아래 사람에게 명령을 할 상황에서는 '우리 전달법'이 청자 지향적 관점의 표현임을 입증해 주고 있는 조사 결과이다.

|설문 3| ○○님은 평소에 다음 중 어떤 표현을 자주 사용하십니까?
(방을 깨끗이 청소하라고 자녀나 동생 등 나이 어린 손아래 사람에게 말을 할 상황에서)

항 목	비율(%)
① 철수야, 방 청소 해.	34.1
② 철수야, 방 청소 좀 할래?	16.2
③ 철수야, 우리 방 청소 좀 하자.	39.5
④ 철수야, 방이 너무 지저분하구나.	7.6
⑤ 나는 철수가 자기 방은 스스로 정리할 수 있는 아이였으면 좋겠어.	1.6
기타 (② ③ 복수응답, 무응답)	1.0

|설문 4| ○○님이 청자일 경우 다음 중 어떤 표현이 가장 듣기 좋은 표현이라고 생각하십니까?

항 목	비율(%)
① 철수야, 방 청소 해.	2.2
② 철수야, 방 청소 좀 할래?	11.9
③ 철수야, 우리 방 청소 좀 하자.	58.4
④ 철수야, 방이 너무 지저분하구나.	9.2
⑤ 나는 철수가 자기 방은 스스로 정리할 수 있는 아이였으면 좋겠어.	17.3
기타 (③ ⑤ 복수응답)	0.5
기타 (무응답)	0.5

설문 5와 설문 6은 공감적 응대 방법이 청자 지향적인 말하기에 해당하는지를 살펴보기 위해 설정된 문항이다. 일상 생활에서 공감적 응대의 방법을 많이 사용하고 있는 것으로 드러났고(74.6%), 공감적 응대나 위로의 말이 청자가 받아들이기에 기분 좋은 응대라고 답하였다.

|설문 5| 퇴근하고 돌아오는 남편과 집에서 살림하는 아내와의 대화입니다. 밑줄 친 곳에 말을 한다고 할 때 일반적으로 어떤 유형의 말을 하십니까?(기혼 남녀가 아닌 경우에는 가정에서 일반적으로 사용하거나 듣는 말을 골라 주십시오.)

아내 : 다녀왔어요?
남편 : 별 일 없었어?
아내 : 하루 종일 청소했더니, 어깨도 결리고 온몸이 쑤셔 죽겠어요.
남편 : ____________________

항 목	비율(%)
① 그럼 내일 병원에나 가봐.	10.8
② 온몸이 쑤시고 아프다고? 너무 무리를 했나보군.	74.6
③ 당신은 항상 여기 아프다 저기 아프다 타령이야.	3.8
④ 밥부터 줘.	4.3
⑤ 사는 게 다 고생이지.	5.9
기타 (② ③ 복수응답)	0.5

|설문 6| 퇴근하고 돌아오는 남편과 집에서 살림하는 아내와의 대화입니다. 당신이 아내라면 밑줄 친 곳에서 어떤 유형의 말을 들었을 때 가장 기분이 좋을 거라고 생각하십니까?

아내 : 다녀왔어요?
남편 : 별 일 없었어?
아내 : 오늘 철수 등록금 내느라고 한달 월급 다 썼어요.
남편 : ______________________________

항 목	비율(%)
① 들어오자마자 바가지야?	1.1
② 돈벌어 다 갖다 주는데 날더러 어떻게 하라고. 도둑질이라도 하란 소리야.	0.0
③ 철수 등록금을 냈어? 그랬군.	31.4
④ 자식 가르치자고 돈버는 거잖아.	48.1
⑤ 돈은 돌고 도는 거야.	18.9
기타 (④ ⑤ 복수응답)	0.5

설문 7은 거절을 할 상황에서 일반적으로 사용하고 있는 응답의 유형을 알아보기 위해 설정된 것이다. 거절을 할 상황에서는 '생각해 볼게'나 '아빠랑 상의해 볼게'와 같은 간접 표현과 거절의 이유를 밝히는 표현을 비슷하게 사용하는 것으로 드러났다. 설문 8에서는 간접 표현을 청자 지향적 관점의 표현으로 생각하는지를 알아보았다. 그 결과 거절을 할 상황에서 '생각해 볼게'나 '아빠랑 상의해 볼게'와 같은 간접 표현이 청자 지향적 관점의 표현에 해당한다고 응답한 수가 76.2%를 차지하였다.

|설문 7| 다음은 아들의 부탁을 거절하는 엄마와 아들과의 대화입니다. 당신이 엄마라면 밑줄 친 곳에서 어떤 유형의 말을 하십니까? (가정에서 일반적으로 쓰는 말을 골라 주십시오.)

철수 : 엄마, 퀵보드 사 주세요.
엄마 : ____________________

항 목	비율(%)
① 안돼.	8.6
② 생각해볼께.	21.1

③ 넌 돈먹는 기계니?	9.7
④ 아빠랑 상의해 볼게.	29.2
⑤ 그거 위험하다고 텔레비전에서 보도하더라.	30.8
기타 (① ⑤ 복수응답)	0.5

|설문 8| 다음은 아들의 부탁을 거절하는 엄마와 아들과의 대화입니다. 당신이 아들 입장이라면 밑줄 친 곳에서 어떤 유형의 말을 들었을 때 기분이 상하지 않을 것이라고 생각하십니까?

철수 : 엄마, 킥보드 사 주세요.

엄마 : ____________________

항 목	비율(%)
① 안돼.	0.0
② 생각해볼께.	40.5
③ 넌 돈먹는 기계니?	1.1
④ 아빠랑 상의해 볼게.	35.7
⑤ 그거 위험하다고 텔레비전에서 보도하더라.	21.1
기타 (② ④ 복수응답)	1.6

설문 9는 열린 질문에 대한 인식 여부를 조사한 것이었는데 78.4%가 열린 질문을 대화를 이끄는 질문이라고 인식하였다.

|설문 9| 다음 중 어떤 질문이 대화를 이끄는 질문(청자의 답변으로 원활하게 이야기가 전개되는 질문)이라고 생각하십니까?

항 목	비율(%)
① 방학을 어떻게 지냈니?	78.4
② 방학을 잘 지냈니?	17.3
③ 방학을 잘 지냈니, 못 지냈니?	0.0
④ 방학 잘 지냈지 그렇지?	2.2
⑤ 방학동안 별 하는 일없이 그냥 지냈지?	1.6
기타 (무응답)	0.5

설문 10, 11, 12, 13은 청자 요소에 대한 고려 사항들을 질문한 것이었다. 설문대상자들은 대화 중에서 청자가 직장 상사와 같이 윗사람일 때 가장 어려움을 느꼈고(49.7%), 일반 대중 앞에서의 말하기를 2순위로 꼽았다. 대화를 잘 하기 위해서 필요한 것으로는 청자에 대한 관심(31.9%), 계속적인 만남(27%), 상황 파악(27%) 순으로 답하였다. 대화를 잘 하기 위해서는 청자와의 관계가 중요하다고 인식하는 것으로 드러났다. 대화에서 타인의 존재는 나 못지 않게 중요하다(박기순, 1998: 74). 타인이란 청자를 일컫는다고 하겠다. 청자를 지각하는 데 필요한 요소를 파악하기 위한 목적으로 문항 12번과 문항 13번이 설정되었다. 대화에서 고려해야 할 가장 중요한 사항으로는 가치관 공유(44.3%)와 친교 유지(40.5%)를 꼽았다. 청자 요소 중 가장 중요하게 생각하는 것으로는 청자와의 친분관계(43.2%)나 청자의 정서적 상태(38.4%)를 고려해야 한다고 응답하였다. 이와 같이 대화에서 청자와의 관계와 청자에 대한 태도의 중요성을 인정하는 것으로 드러났다.

대화 양상은 화자와 청자 상호간의 정체성 구성하기의 과정에 따라 차이가 드러난다. 화자와 청자 간의 계속적인 관계 유지와 계속적인 접촉 등으로 서로에 대한 정체성 구성하기는 계속적으로 이루어지게 마련이다.

|설문 10| 다음 중 누구와 대화를 할 때 가장 어려움을 느끼십니까?

항목	부모	직장 상사 (교수)	자녀(동생)	친구	일반대중	기타
비율(%)	11.4	49.7	1.1	0.5	34.1	없음 2.2 무응답 0.5 복수응답 0.5

|설문 11| 대화를 잘 하기 위해 필요한 것이 무엇이라고 생각하십니까?

항목	연습	풍부한 지식	계속적인 만남	청자에 대한 관심	상황 파악	기타
비율(%)	5.4	7.0	27.0	31.9	27.0	복수응답 1.6

| 설문 12 | 대화에서 고려해야 할 가장 중요한 사항이 무엇이라고 생각하십니까?

항목	정보전달	친교유지	가치관 공유	지식 공유	기타 ( )*
비율(%)	8.6	40.5	44.3	2.2	4.3

* 상황마다 다르다 (2.7%) ; 복수응답 (1.6%)

| 설문 13 | 대화를 할 때 청자 요소 중 가장 중요하게 고려하는 것은 무엇입니까?

항목	나이	지위의 고하	친분여부 관계	정서적 상태	기타 ( )
비율(%)	12.4	2.2	43.2	38.4	3.8

이상의 설문 조사 결과를 요약하면 다음과 같다. 첫째, 대중 앞에서 이루어지는 공적인 말하기뿐만 아니라 일상 대화 지도의 필요성이 높게 나타났다. 둘째, 말하기 교육 중 대화 지도는 친밀도가 낮은 사람, 학생보다 나이가 많은 사람, 사회적 지위가 높은 사람과의 대화를 지도하는 쪽으로 나아가야 한다. 왜냐하면 학생들이 대화의 어려움을 느끼는 경우는 청자와의 관계가 개별적 인식, 열린 표현을 하기 어려운 관계일 때이기 때문이다. 셋째, 청자를 고려하는 표현에 대한 인식은 높은 편이지만 실제 생활에 적용하는 비율은 낮게 나타났다. 넷째, 대화를 잘 하기 위해서는 청자에 대한 관심을 가지고 청자와 친교 유지를 하는 쪽으로 대화가 이루어져야 한다고 인식하였다. 대화를 잘 하기 위해서는 단순히 표현 기능을 익히는 차원뿐만 아니라 정체성을 구성하는 차원에 대한 인식이 필요함을 이 결과는 뒷받침해 주고 있다.

4.1.2 말하기 지도의 문제점

지금까지 말하기 지도는 몇 가지 문제점을 지니고 있다. 첫째, 계획된 말하기, 연설과 같은 일방적인 말하기가 말하기 지도의 주를 이루었다. 노은희(1999: 120)는 '화법' 과목의 지도 내용이 사적인 유형보다 공적인 유형에 초점을 두고 있다고 지적하고 이것은 화법을 연설 같은 공적인 말하기로 보아온 역사적 전통과, 정규 교육 기간에는 공적인 화법을 익혀야 한다는 일반적인 인식에 기인한다고 언급하고 있다.

둘째, 말하기의 과정을 중시하는 인지심리학적인 이론에 근거하여 분절적인 말하기 과정을 지도 내용으로 구성하였다. 이 과정에서 말하기 지도가 화자 중심의 지도가 되었고 청자와의 상호 작용에 대한 고려가 미흡한 결과를 낳게 되었다.

노명완(1997)에서는 행동주의 심리학의 속성을 지닌 개념인 기능이라는 개념에서 인지심리학에서 나온 전략이라는 개념으로 말하기 교육의 내용을 설명하고 있다. 과정으로서의 말하기 즉 분절적 말하기에 주안점을 두고 말하기 교육 내용을 설명한다. 분절적인 말하기 지도는 말하기의 절차와 과정을 분절적으로 지도하려는 것이다. 부분의 합이 전체가 될 수 있으므로 분절적인 말하기는 실제적인 말하기에 적절하게 적용할 수 있다는 것이다. 그러나 인지 심리학적인 접근에 의한 말하기 이론에서는 화자와 청자가 상호 교섭을 통하여 또 교섭 관계를 고려하여 표현을 선택한다는 점을 간과하고 있다.

셋째, 화제 중심적 말하기의 지도나 상황 제시적 말하기(소개하기, 전화하기, 안내하기, 질책하기, 칭찬하기 등)의 지도 원리로는 대화 지도의 한계가 드러난다. 화자와 청자 사이의 관계를 중시하는 대화 양상을 지도하는 경우에는 더욱 그러하다. 대화 참여자들의 상호 협력적인 관계를 중시하면서 이루어지는 실제적인 말하기 양상을 반영하지 못하기 때문이다.

다음은 현행 고등학교 국어(상) 교과서에 제시되어 '화자와 청자의 상호 작용'이라는 말하기·듣기 단원에서 제시하고 있는 학습 활동이다. 대화 참여자들 사이에 이루어지는 상호 작용을 말하기 단원의 제목으로 제시하고 있다. 본고에서 살펴본 논의를 검토할 수 있는 자료가 되므로 소개한다.

1. 효과적인 말하기를 위해서는 청자의 분석이 필요하다. '관동별곡'을 화제로 말하기 위하여 다음과 같이 공부해 보자.
   (1) 동생에게 말을 할 때, 말할 내용은 무엇이 적당하겠는가?
   (2) 관광 안내원에게 말을 할 때, 주제를 무엇으로 하는 것이 좋겠는가?
   (3) 외국인과 말을 주고받을 때, 어떤 점을 중심으로 말하는 것이 좋겠는가?
   (4) 친구와 말을 주고받을 때, 주제를 무엇으로 하는 것이 좋겠는가?
2. 학급 전체 학생을 대상으로 '관동별곡에 나타난 작가 정철의 모습'이라는 주제로 발표를 하기 위하여 다음을 공부해 보자.
   (1) 듣는 사람의 요구를 생각하여 말할 내용을 선정하자.
   (2) 한 반의 학생들은 자기 자신과 비슷한 수준의 지식을 가진 사람이라고 할 수 있다. 이런 사람들에게 말을 하기 위하여 내용의 조직에서 특별히 고려할 점은 무엇이겠는지 생각해 보자.
3. 앞에서 공부한 고려 사항에 유의하여 말할 내용의 개요를 만들어 3분 정도 발표해 보자.
4. 말하는 도중에 청자가 할 수 있는 반응은, 시선모으기, 고개끄덕이기, 고개 갸우뚱하기, 호기심 어린 표정 짓기, 웃기, 박수치기 등 여러 가지 방법이 있다. 토론에 앞서서 발표 도중에 적절하다고 생각되는 방법으로 반응을 해 보자.
5. 질의 응답은 말한 내용에 대하여 적극적인 반응을 보임으로써 그 내용을 보다 알차고 보람 있는 것으로 하기 위한 과정이라고도 할 수 있다. 다음과 같은 점에 중점을 두어 질의 응답을 해보자.
   (1) 내용의 설명이 불충분해서 보완이 필요하다고 생각되는 부분
   (2) 내용이 사실과 다르게 생각되어 해명이 필요하다고 생각되는 부분
   (3) 문제에 대한 생각이 자신의 것과 달라서 왜 그런지 알고 싶은 부분

위 단원에서는 문학작품의 이해와 감상을 말하기 지도와 연계하여 학습 활동을 하도록 하는 통합적 구성을 취하고 있다. 청자에 따라 표현

방식이 달라지는 것이 아니라 말할 내용이나 주제에 따라 표현 방식이 달라지는 것에 초점을 두고 있다. "화자와 청자의 상호 작용"에 해당하는 학습 활동이라기보다는 "주제나 말할 내용 선정하기"에 해당하는 학습 활동이라 보아야 무방할 것이다.

화자와 청자의 상호 작용이라는 단원명이 보여주듯이 대화 참여자들 사이의 상호 작용을 염두에 두어야 할 단원인데 실제 학습 활동을 보면 화제 중심적 구성[43]과 대중 앞에서 말하기 구성으로 일관하고 있음을 알 수 있다. 모든 말하기·듣기 단원을 대화와 같은 일상적인 의사소통에 대한 형식으로 채우라는 것을 주장하는 것이 아니라 '화자와 청자의 상호 작용'과 같이 대화의 특성을 가장 잘 반영하는 단원만큼은 말하기·듣기의 지도 유형을 대화로 삼든지 아니면 적어도 대화와 같은 사적인 말하기와 대중 앞에서 발표하는 공적인 말하기를 비교하는 정도의 기술은 해야 마땅하다. 공적인 말하기에서 찾아 볼 수 있는 화자와 청자의 상호 작용과 사적인 말하기에서 찾아 볼 수 있는 화자와 청자의 상호 작용의 양상은 다르다고 할 수 있다.

넷째, 교과서에 제시된 학습 활동을 살펴보면 학습 활동 방식을 언급하고 있지 않다. 즉, 학습 활동 내용에 따라 학습 활동 방식을 구분하여 기술하고 있지 못하다. 소집단 학습 활동을 할 것인지, 개인별 학습 활동을 할 것인지 등을 구분하지 않은 일반적인 기술 방식을 택하고 있다. '화자와 청자의 상호 작용'이라는 단원의 경우 소집단 학습 활동을 해야 할 단원인데도 이에 대한 언급이 없다. 학습 활동 방법을 교사의 수업 재량에 일임하는 기술 방식을 택하고 있다.

---

43) "관동별곡을 화제로 말하기 위하여 다음과 같이 공부해 보자" 부분과 "학급 전체 학생을 대상으로 발표를 하기 위하여 다음을 공부해 보자" 부분 등이 이를 뒷받침하고 있다.

4.2 교재 구성 원리

앞에서 살펴본 말하기 지도의 문제점을 해결하는 방안으로 학생 중심적이고 활동 중심적인 교과서 구성 원리를 살펴보겠다. 국어과 교육 영역은 일반적으로 크게 언어 기능 영역, 국어 지식 영역, 문학 영역으로 나누어진다. 이 중에서 언어 기능 영역은 다시 듣기, 말하기, 읽기, 쓰기 영역으로 세분된다. 본고는 언어 기능 영역 중에서 말하기, 듣기와 관련된 대화에 관한 세부적 이론 연구라고 할 수 있다. 그러므로 대화 지도를 위한 교과서 구성의 원리를 살펴보고자 한다.

흔히들 교육의 질은 교사의 질을 넘지 못한다는 말을 많이 한다. 그러나 실제로 교실에서의 교수 학습 상황을 살펴보면 교사의 중요성 못지 않게 교재의 중요성이 큼을 알 수 있다. 교실에서의 교수 학습 상황을 관찰한 결과에 의하면, 학생들은 전체 교수 학습 시간의 90~95%를 교재를 사용하는 시간으로 보내고 있다고 한다(Gall, 1981: 10; 이성영, 1992: 72). 그리고 최근에는 평소 학습의 점검 및 보충·심화 학습이 체계적으로 이루어지도록 하기 위해 진단 평가 및 형성 평가 자료들이 교과서 속에 포함되는 경향이다(신세호 외, 1979: 36). 즉, 전통적으로 교사의 역할이라고 여겨졌던 것들이 교과서의 역할로 전환되고 있는 것이다. 이것은 요즘의 교육이 개별화를 지향하는 것과도 궤를 같이 하는 것으로, 개별화 교육에서 발생하는 교육하는 쪽의 부담을 교사 혼자의 힘만으로는 감당할 수 없기 때문에 그 부담의 대부분을 교재가 떠맡을 수밖에 없는 것이다. 이러한 개별화 교육의 경향은 자연스럽게 교재를 하나의 프로그램으로 만드는 요인이 된다. 교재가 프로그램화된다는 것은 곧 교수 학습이 교사와 학생의 상호 작용보다는 교재와 학생의 상호 작용에 더 크게 의존하게 된다는 것을 의미한다. 이렇게 본다면, 교재는 교사 못지 않게 교육에서 중요한 역할을 담당한다고 할 수 있다.

교사의 일방적인 교수 역할을 강조하는 경향과 교재와 학생의 상호 작용을 강조하면서 개별화 학습을 지향하는 경향도 중요하지만 본 연구에서는 학생과 학생 간의 상호 작용을 중시하는 경향의 교재를 구성하는 원리를 제안하고자 한다.

첫째, 교재의 학습 활동은 소집단 활동을 통해 실제로 학생들간의 의사소통이 일어나도록 구성되어야 한다. 학생들이 말하고 듣는 능력을 배우기 위해서는 교사의 지식 교육보다는 학생들 상호간의 활동과 연습을 통해 이루어져야 한다. 최대한 실제적인 상황에서 의미 있는 활동을 직접 해 볼 수 있도록 교재가 구성되어야 한다. 이 때 화자와 청자 사이의 상호 작용을 강조해야 한다. 화자가 이야기하면 청자가 응답을 보이게 되고, 청자의 응답에 대해 화자가 다시 응답을 보이는 분위기 속에서 자연스럽게 말하고 듣는 능력을 기를 수 있도록 구성되어야 한다. 의사소통을 한다는 것은 단순히 자신의 생각을 전하는 것에서 그치는 것이 아니다. 화자가 자기 자신을 어떻게 보고 있으며 다른 사람을 어떻게 보고 있느냐에 따라 의사소통 행위가 다르게 나타날 것이기 때문이다. 개인간의 '관계'가 의사소통 행위에 어떻게 작용하는지를 알 수 있게 교재가 구성되어야 한다.

둘째, 상황 중심적 교재 구성을 보완하기 위해 화자와 청자의 태도 중심적 구성을 교재 구성시 고려한다. 상황 중심적 교재의 구성은, 학습자가 장차 어떤 표현을 사용하게 될 지리적 위치, 장소, 인간적 환경, 화제 등의 상황을 설정하고 그 상황에서 일반적으로 사용되는 표현법을 학습자들이 익히도록 단원을 구성하는 것이다. 그러나 상황 중심의 교재 구성에서 제시된 상황들은, 인위적 상황이므로 실생활에서 그와 유사한 상황이 전개된다 할지라도, 대화 참여자들의 태도에 따라 여러 가지 다른 말로 표현될 수 있음을 전제해야 한다. 동일한 대화 상황에서도 여러 가지 의사소통 행위가 일어날 수 있기 때문에 다양한 대화 유형을 고려하고, 대화 분석 결과에 따라 다양한 표현 유형[44]을 대화 방법 별로 배합한 다음에 대화 방법[45]을 여러 개의 범주로 나누어 언어 자료를 제시하는 방안이 필요하다.

셋째, 대화는 화자와 청자 사이의 상호 작용에 의한 의사소통이기 때문에 말하기와 듣기를 개별적으로 구성할 것이 아니라 통합적으로 구성하는 쪽을 선택해야 한다. 통합적으로 구성할 때 음성 언어라는 매체로 통합할 것을 제안한다. 말하기와 듣기를 음성 언어로 통합하여 다루고 읽기와 쓰기를 문자 언어로 통합하여 다루는 것도 언어 사용 영역 통합의 예가 될 수 있다. 매체에 따른 표현 양식의 차이를 알고 이를 언어 활동에 이용하도록 유도하는 것이다.

넷째, 교재에서 학습 활동을 기술할 때, 학습 활동 중심의 기술과 더불어 학습 활동을 하는 방법을 제시한다. 즉 교과서를 구성할 때 학생들간의 의사소통을 강조하는 학습 활동을 밝혀 구성하되 4~8명 정도의 소집단별 학습 활동을 할 것인지, 짝끼리 학습 활동을 할 것인지, 개인별 학습 활동을 할 것인지 구체적으로 밝혀서 교과서를 구성해야 한다. 그리고 개인별 학습 활동보다는 소집단별 활동 중심의 편성이 비중 있게 다루어져야 한다. 이 때, 학습 활동만을 기술하고 학습 활동의 방법을 교사에게 일임하는 기존의 방법과는 달리 개인별 학습 활동, 짝끼리 학습 활동, 소집단별 학습 활동을 밝혀줌으로써 교수 학습 방법의 선택이 교사의 몫이라고 보거나 교사의 재량에 일임하는 기존의 교과서 구성 방식을 개선할 수 있다. 즉 교과서에서 교수 학습 방법을 아울러 제시해 주는 한 단계 나아간 서술을 택해야 한다.

다섯째, 학생들의 언어 능력 중 말하기 능력을 계발시키고 언어에 대한 흥미와 학습 동기를 키워 주는 방향으로 구성되어야 한다. 수동적인 학습자가 아니라 적극적인 참여자로서의 학습자 역할을 담당할 수 있도록 교재를 구성해야 한다. 학생들에게 언어를 배우는 적극적인 태도[46]

---

44) 본 논문 2.2.3에서 제시한 응답 선택지 참조

45) 본 논문 3.2 참조

를 키워 주고자 하는 의도가 반영되어야 한다. 학생들에게 언어 교육의 흥미와 관심을 불러일으킴으로써 학습 동기를 유발하는 효과를 나타낼 것을 중요한 목적으로 설정하고 이를 반영하는 교재를 구성해야 한다. 학생들 자신의 사회적, 문화적 경험을 인정하고 이를 가치 있게 평가해 주며, 학생들이 언어 학습에 대한 필요를 느낄 수 있도록 하는 것을 주요 골자로 한다. 언어 학습이 필요하다는 동기 부여를 위한 내용 영역을 다루어 당위로서의 언어 교육이 아니라 필요로서의 언어 교육을 강조하는 것이 필요하다. 학생들은 자신의 사회적, 문화적 경험이 인정받고, 가치 있다고 평가될 때, 또, 학생들이 언어 학습에 대한 필요를 느낄 때, 그리고 그들의 개인적인 학습 유형이 고려될 때 언어 학습은 향상되며 발전하게 되는 것이다. 전범(典範)으로서의 언어 구사자를 상정하고 이러한 언어 구사자를 만들자는 교육뿐만 아니라 지금 현 상태로의 학생의 상태를 인정하고 학생에게 언어 교육의 필요성을 인식하게 하자는 데 주안점을 두는 것이 필요하다. "교육이란 교육하는 쪽과 교육받는 쪽 상호간의 의사소통 혹은 상호 작용으로 정의된다(이성영 1998: 30)" 고 할 때 교사 입장에서의 교육 목표 제시와 더불어 학생을 중시하는 입장에서의 교육 목표 제시 또한 필수적이라 하겠다. 당위로서의 언어 교육보다는 필요로서의 언어 교육을 추구하고, 전범으로서의 언어 교육보다는 학생 개인의 학습 유형을 고려하여 언어 학습을 향상시키고 발전시키고자 하는 의도가 드러나게 교재를 구성해야 한다.

여섯째, 학생들의 능력을 계발하고 성취 동기를 부여하기 위해 수준별 학습 활동으로 구성한다. 학습 활동을 두 단계로 구성하여 기본 학습 활동과 심화 학습 활동, 두 단계로 구성한다. 예를 들면, 기본 학습

46) 학습자 개개인의 능력을 충분히 발휘하는 인간이 되도록 돕는 인본주의적 교육 이론에 영향을 받아 오늘날 교육의 방향은 수요자인 학생의 요구와 기대를 충족시켜 주기 위한 일종의 서비스 차원으로 인식되고 있다. 따라서 교사 중심의 교육에서 학습자 중심의 교육으로 그 관점이 전환해야 한다는 견해가 있다. 학습자 중심의 교육은 교육의 초점을 '배워야 할 내용'보다는 '학습자 자신'에게 두고 있다.

활동은 교재에 예문을 제시하는 방식으로 구성하고, 심화 학습 활동은 비디오나 빔 프로젝터를 이용하여 직접 대화를 제시하는 방식으로 구성한다. 자료 제시로 학생들이 대화를 분석하고 대화의 문제점을 찾고 화자와 청자의 태도, 관점 등을 논의한 후 실제 대화 활동을 하도록 구성한다.

다음은 매체에 따른 표현 양식의 차이를 학습 활동으로 구성한 것이다.

▌예시 교재▐

1. 대화방에서 따온 대화의 일부이다. 이를 토대로 일상 대화와의 차이를 살펴보도록 한다. 4~6명씩 소집단을 구성하여 표현 양식의 매체가 달라서 나타나는 표현 양상을 논의해 보자.

팅커벨 : 하이
바람 : 안냐세요?
小野伸二 : 하이
바람 : 방가..
小野伸二 : 그쪽은 알바안하나요
팅커벨 : 벤처에서 일하면 잼잇겠당
바람 : 지요....
小野伸二 : 히..
바람 : 지는 안하는데.
小野伸二 : 추워죽것어요
바람 : 어디서 일하세요.
小野伸二 : 아..
바람 : 이여름에 춥다니..?
팅커벨 : 유치원면접봤었는데 연락이 안와서
小野伸二 : 흠...
바람 : 애들 좋아하시나봐요.
팅커벨 : 네^^
小野伸二 : 저는 애들이 싫은디..
바람 : 전 좋아요..

팅커벨 : 왜요?
바람 : 그냥 좋아요.
小野伸二 : 너무 시끄러워서요
바람 : 보면 기뻐지고
바람 : 마음이 편해져요..
팅커벨 : 아네
바람 : 어 그냥 나가시네요...?
팅커벨 : 구러게요
바람 : 언제 면접을 보셨어요..
팅커벨 : 몇주전에요
바람 : 근데 아직도 연락이 없어요.
바람 : 왜 그럴까?
팅커벨 : 네
팅커벨 : 다끝났죠
바람 : 어디갔다오셨어요?
小野伸二 : 잠시 에러가 나서...

2. 다음 대화를 듣고(또는 비디오로 시청하고) 대화의 문제점을 지적하고 바람직한 대화로 꾸며보자. 4명의 소집단으로 구성하여 청자를 고려하는 대화를 해 보자.

명교감 : 몇 번을 말했는데도 수행 평가 반영 보고서는 왜들 안 올려요? 다른 학교에서 이미 시행에 들어가서 보고까지 끝났다는데 우리만 이렇게 뒤쳐져서야 되겠습니까? 좋은 제도를 도입했으면 서둘러 시행을 하셔야지.
동 철 : 저도 좋은 제도란 걸 알겠는데 현실적으로 어려운 점이 한 두가지가 아니잖습니까?
일 평 : 맞습니다. 수업시간이 줄든가 학생수가 줄든가 해야지 지금은 절대 불가능한 일이라구요.
유 란 : 그것도 그거지만 객관성을 확보하기가 어려워요.
명교감 : 글쎄 어려운 점이 있다는 건 나도 인정하지만 위에서 하라는데 낸들 어쩝니까? 모래까지 부서별로 정리해서 제출하세요.
동 철 : 교사가 뭐 죄인입니까? 현실은 무시하고 무조건 하라

고만 하면…
명교감 : (말 자르며) 다른 말 필요 없어요. 교육비전 2002아닙니까?
동 철 : (궁시렁) 교사들 생각도 반영 안하면서 교육비전은 무슨…
현 주 : 교사들도 달라지긴 해야죠.
동 철 : (못마땅해서) 교사들만 달라지면 이 나라 교육 개혁이 다 되는 거야? 교사를 무능 부패 집단으로 몰아 놓곤 무슨 개혁이냐구?
현 주 : (어둡게 본다)
유 란 : (위로하듯 현주의 어깨 토닥이며 작게) 자기가 이해해. 교사만 몰아세우니까 힘 빠져서 저러시는 거야.

(KBS 미니시리즈, "학교"(제14회) 중에서)

위 예시 교재에 나타난 학습 활동 1에서는, 4~6명으로 소집단 활동을 하도록 명시하였다. 반 전체의 학생을 상대로 학습 활동이 이루어졌을 때는 학생들의 참여도가 낮지만 4~6명 정도의 소집단 활동을 했을 때는 학생들의 참여도가 높아진다. 학습 활동 2에서는, 학생들에게 청자 지향적인 대화를 해 보게 함으로써 대화가 인간 관계 형성에 미치는 영향을 알게 하고 대화의 중요성을 일깨워 학습 동기를 키워주는 방향으로 구성하였다.

4.3 교수 학습 내용

이성영(1995)에서는 화행이론에서 보는 발화란 어떤 행위를 수행하는 것이며, 그 행위는 흔히 발화 행위, 화수 행위, 화효 행위로 나뉜다고 한다. 그리고 이들 모두가 의사소통이라는 용어의 개념 속에는 포함되기 어려운 점이 있지만, 국어교육의 내용에서 빼놓을 수 없는 것들이며 동시에 언어 사용이라는 용어의 개념 속에는 빼놓을 수 없이 적용될 수 있는 것들이라고 지적하고 있다. 여러 가지 요인들을 고려하여 주어진 상황에서 청자의 심적 태도의 변화라는 측면과 사회적 관계라는 측면에서 가장 나은 효과를 유발하는 표현을 생산할 수 있는 능력을 길러 주는 것은 국어교육에서 빼놓을 수 없는 분야이다.

언어 행위는 두 가지 차원이 있는 것으로 보인다. 기호 체계와 규칙 체계를 사용하여 적격의 표현을 생산하는 것이 그 하나이고, 다른 하나는 적격의 표현을 사용하여 특정의 목적을 수행하는 차원이다. 앞의 것은 언어 행위의 기초 기능이라고 할 수 있으며, 뒤의 것은 언어 행위의 본격 기능이라고 할 수 있을 것이다. 따라서 국어교육의 내용도 이러한 두 가지 차원에 따라 기초적 내용과 본격적 내용의 두 가지로 구분할 수 있다. 특정의 언어 형식이나 혹은 표현이 어떠한 의미 기능을 가질 수 있는지, 그리고 역으로 특정의 의미 기능을 수행할 수 있는 언어 형식이나 표현은 어떤 것들이 있을 수 있으며 그 표현 방식에는 어떤 것들이 있는지 국어교육의 내용과 관련되는 논의는 이러한 본격적 내용을 추출하는 작업에 우선 초점이 놓여야 할 것이다. 본 논문은 2장과 3장에서 국어 교육의 내용을 추출하는 작업을 하였다. 2장에서 논의한 '정체성 구성하기'와 태도의 관계와 3장에서 논의한 청자 지향적 표현의 방법을 위주로 국어 교수 학습의 내용을 구성해 보겠다.

4.3.1 정체성 구성 과정

사람들의 정체성은 그가 상대하는 사람들에 따라 다양하게 표현되는 정체성이 있기 마련이다. 이렇게 상대하는 사람에 따라 정체성의 유형이 달리 나타나므로 같은 화자라 하더라도 청자가 누구냐에 따라 정체성의 유형이 달리 나타난다. 이런 이유로 말하기 지도에서는 '소개하기'

와 같이 상황 중심으로 말하기를 가르칠 경우에도 청자 유형에 따라 말할 수 있도록 가르쳐야 한다. 직장 상사, 정신과 의사, 변호사, 상담자에게 자신을 소개하는 경우와 친구에게 자신을 소개하는 경우는 다르다. 또한 같은 상황이라 하더라도 청자를 어떻게 정의하느냐에 따라 달리 표현할 것이다. 이러한 일들은 정체성 구성과 관련 있는 것이므로 실제적 말하기를 가르치기에 앞서 정체성 구성 과정을 지도하는 것도 좋은 방법이다.

각 학생들이 빈 종이에 "나는"이라고 쓰고 20줄 정도를 비우게 한다. 그리고 20가지로 자신에 대해 생각나는 대로 정의를 내리게 한다. 정체성을 다 써 넣은 다음에 1 : 1로 짝을 지어 그 내용을 검토해 보게 한다. "정체성은 응답 유형을 선택하는 데 영향을 준다", "정체성은 다차원적이고 변화 가능하다", "정체성은 과거와 현재의 관계 속에서 발전된다" 등의 부제목 아래 검토하도록 한다. 자신이 써 넣은 것과 짝이 검토한 내용 사이에서 자신이 새롭게 발견한 것에 대해 조별로 논의해 보게 한다. 마지막으로, 각 집단에서 발견한 바를 전체 학급 단위에서 논의하여 본다. 단계적인 논의로 정체성 구성 과정을 알게 될 것이다.

'정체성 구성하기' 방법에 관하여 아는 것 자체가 중요한 것이 아니고, 학생들이 그러한 방법을 융통성 있게 적재적소에 활용할 수 있도록 동기화하는 것이 필요하다. 선택한 정체성 구성하기가 어떤 조건, 어떤 상황에서 더 효과를 나타내는지 알게 된다면, 더욱 유효 적절하게 이를 활용할 수 있게 된다.

4.3.2 청자 지향 표현 방법

문자를 매개로 하는 다른 언어사용능력에 비해 말하기가 가지게 되는 중요한 특징 중 한 가지는 상대적으로 즉각적인 현상으로 나타나는 화자와 청자의 상호 작용이다. 이러한 특징은 말하기의 기능 중 협력적인 말하기와 같이 순기능을 하는데 도움을 주기도 한다. 그러나 화자의 본의와는 관계없이 갈등이 발생하는 역기능을 나타내기도 한다. 화자와 청자 사이에 발생하게 되는 많은 갈등을 분석해 보면 상대방을 자신의 잣대[47]로 측정하고 자신의 잣대와 같지 않을 때 수용하지 못하는 자세가 언어적 갈등을 심화시키는 경우가 허다함을 알 수 있다. 상대방의 정체성을 구성할 때 신뢰에 바탕을 두어 열린 표현을 하고자 노력하는 쪽으로 나아가지 못하고 닫힌 표현을 하고자 하는 쪽으로 나가면 나갈수록 그 갈등의 골과 폭은 깊어지고 넓어진다. 말하기에서 이러한 갈등을 해소하는 방법 중 청자 지향적 관점을 택하는 표현 방법이 있다. 청자 지향적 관점의 표현 방법은 앞서 자세히 살펴보았기 때문에 지도 항목을 제시하는 본 절에서는 간략하게 소개하겠다.

청자 지향적 관점의 표현 방법의 지도 항목은 크게 두 가지로 나누어 생각할 수 있다. 그 하나는 문법적 요소로 나타낼 수 있는 구조적 표현 방법이고 또 다른 하나는 어떤 문법적 혹은 구조적 장치가 아닌 화용상의 표현이라 할 수 있는 비구조적 표현 방법이다. 구조적 표현에는 어휘적 표현, 의미·통사적 표현 등이 포함되고 비구조적 표현에는 상황적·담화적인 것으로 대화원리에 근거해서 설명할 수 있는 것들이 포함된다. 청자를 고려한 구조적 표현 방법으로는 열린 질문 방법, 청자 지향 어휘 선택 방법, 나 전달법, 공감적 응대 방법, '동의, 그러나' 방법, 우리 전달법, 되묻기 방법, 간접 표현 방법 등을 지도 항목으로 제시할 수 있다. 비구조적 표현의 방법으로는 입장 바꾸기 방법, 화자의 판단 유보하기 방법, 청자 지식 공유화 방법 등을 지도 항목으로 제시할 수 있다.

---

47) 잣대라 함은 자신의 정체성만을 고려하고 상대방의 정체성을 함께 고려하지 못하거나 상대방의 정체성을 고려한다하더라도 열린 태도를 취하지 않고 닫힌 태도를 취함으로써 갈등을 유발되는 경우를 가리킨다.

지도 항목을 제시함에 있어 구조화하는 작업이 필요하다. 구조화를 위해 언어 사용의 본질, 태도, 원리, 실제 측면에서 구성하면 <표 4-1>과 같다. 청자 지향적 관점의 표현 방법을 사용 원리와 실제에서 재분류해 본 것이다.

〈표 4-1〉 청자 지향 관점 표현의 교수 학습 내용 체계

· 교수 학습 영역 : 음성 표현 영역 중 일상 대화 영역
· 교수 학습 내용 : 청자 지향 관점 표현을 활용한 언어 사용 방법
· 내용 체계 제시 : 청자 지향 관점 표현의 본질, 태도, 원리, 실제

Ⅰ. 청자 지향 표현의 사용 본질과 태도
· 화자와 청자의 관계 파악과 열린 태도로 청자 지향 표현을 사용한다.

Ⅱ. 청자 지향 표현의 사용 원리와 실제
1. 청자 지향 표현은 사회적 유대감을 형성한다.
(1) 청자 지향 표현은 대화 진행을 보조한다.
(열린 질문 방법, 청자 지향 어휘 선택 방법)
(2) 청자 지향 표현은 상대방에 대한 관심을 표시한다.
(나 전달법, 우리 전달법)
(3) 청자 지향 표현은 상대방에 대한 동의를 강화한다.
(공감적 응대 방법, 간접 표현 방법)
(4) 청자 지향 표현은 상대방에 대한 비동의를 간접화한다.
('동의, 그러나' 방법, 되묻기 방법)
2. 청자 지향 표현은 상대방을 배려한다.
(1) 청자 지향 표현은 상대방에 대한 이해를 강화한다.
(입장 바꾸기 방법)
(2) 청자 지향 표현은 상대방에 대한 판단을 보류한다.
(화자의 판단 유보하기 방법)
(3) 청자 지향 표현은 상대방에 대한 지적 수준을 이해한다.
(청자 지식 공유화 방법)

4.4 교수 학습 과정

4.4.1 교수 학습 전략

교수 학습 전략은 일반적으로 교수 전략과 학습 전략으로 나뉜다. 교수 전략은 어떤 교사가 특정한 시간에 가르치고자 하는 학습 자료를 제시하는 것을 말하며, 학습 전략이란 교사가 제시한 학습 자료를 학생이 능동적으로 재조직하고 정교화시키고 자신의 지적 구조에 재통합시키는 것을 말한다(박성익, 1997: 250). 이분법적인 발상에서는 교사의 교수 행위와 학습자의 학습 행위 사이의 상호 작용에 착안을 두고 있지만 학습자들 사이의 상호 작용은 간과하고 있다. 또한 교사의 교수 행위와 학습자의 학습 행위사이의 상호 작용도 '1 : 다수(一對多)'의 관계로 설명하고 있다. 이분법적인 발상에 근거한 교수 학습 과정의 체계와 본인이 수정한 교수 학습 과정의 체계를 도표로 비교하여 나타내면 [그림 4-1], [그림 4-2]와 같다.

[그림 4-2]에서는 교사와 학습자의 상호 작용뿐만 아니라 학습자와 학습자 간의 상호 작용을 특화시켰다. 학습자 간의 학습 활동으로 학습의 효과를 높일 수 있는 말하기와 같은 학습 영역이나, 소집단 학습과 같은 학습 방법에서는, 학습자들 간의 활동을 통해 상호 작용이 이루어지고 그 과정을 통해 학습이 이루어진다. 학습자는 소집단 내에서 학습 활동으로 동료 학습자와 더불어 학습의 일부를 체험하게 되므로 소집단 내에서의 상호 작용을 잘 활용하도록 교사는 학습자를 지도할 필요가 있다.

일반적으로 교수 학습 활동과 관련된 주요 변인들로 교사, 학생 그리고 교수 학습 자료를 들고 있으며, 이러한 세 가지의 변인들이 삼위일체가 되어 적응력 있는 상호 작용을 이룰 때, 비로소 효과적 교수 학습이 가능해진다는 견해에는 이견이 없는 것 같다. 교수 학습 활동에서는 교사, 학생, 교수 학습 자료가 유기적으로 상호 작용하면서 학생의 능력과 행동을 발전적 방향으로 신장시켜 주려는데 궁극적 목표를 두고 있다.

그림 4-1 이분법적 교수 학습 과정의 체계(박성익, 1997: 251)

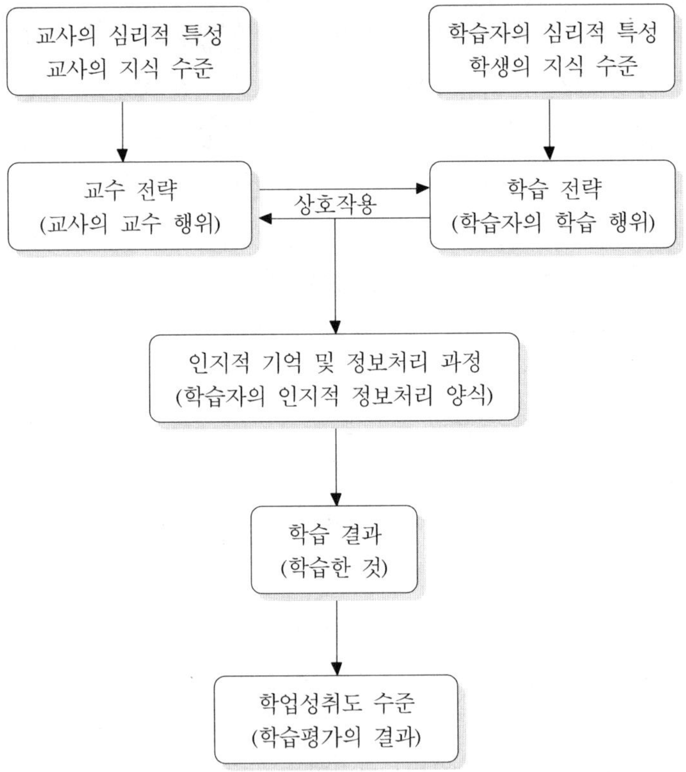

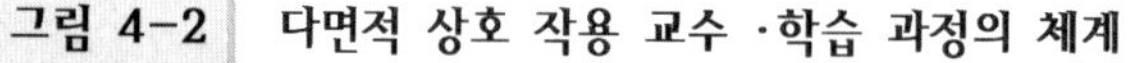

그림 4-2 다면적 상호 작용 교수·학습 과정의 체계

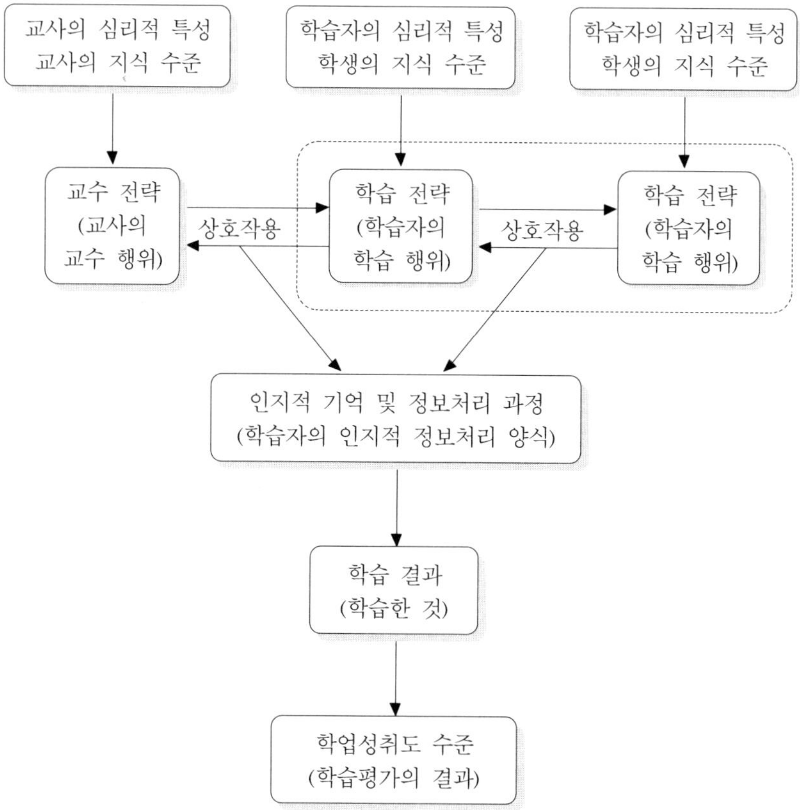

이 중에서 교수 학습 자료를 학습 목적, 학습 내용, 의도된 활동으로 세분화하여 언어 교수의 요건을 제시한 견해를 살펴보면 좀 더 구체적인 교수 학습 전략을 도출해 내는데 도움을 받을 것이다. 언어 교수의 요건으로서 교사, 학습자, 언어 학습의 목적, 학습 내용, 의도된 활동을 들 수 있는데 구체적인 요소들에 대한 관점에 따라 교수법이 달라진다 (김영숙 외, 1999: 109). 또, 학습 내용이 없이 교수 학습은 이루어질 수 없을 만큼 학습 내용은 필수불가결한 것이며 학습 내용의 유형에 따라 수

업 형태나 수업 방식이 달라져야 한다는 지적도 있다(박성익, 1997). 이것은 학습 내용에 따라 개별화 교수법을 쓸 것인지, 협동 학습법을 쓸 것인지가 결정된다는 의미이다.

대화와 같은 말하기의 경우는 개별화 교수법보다는 학습자 상호간의 활동을 전제로 한 소집단 학습이 효과를 거둘 것이다. 말하기 교수 학습 과정에서 학습 활동의 주체는 학습자이기 때문이다. 또한 말하기를 정체성 구성 과정으로 보면 학습자의 인간적, 정의적인 면을 언어 학습의 중요 요소로 파악하는 결과를 낳게 된다. 인간적, 정의적인 면을 말하기 학습의 중요 요소로 파악하고 이를 학습하기 위한 소집단 학습 전략의 방법으로 역할극 모형을 들 수 있다.

4.4.2 교수 학습 모형

지금까지의 말하기·듣기 교수 학습 설계에서는 소수의 학생들만이 실제 말하기 수행 경험을 하게 되고 나머지 학습자들은 혼자 말할 내용을 준비해 보는 데서 그치거나, 옆에 앉은 동료 학습자와 간단히 말을 주고 받는 정도, 심한 경우에는 별 준비 없이 다른 사람의 말하기를 듣는 것으로 수업 시간을 보내기도 하였다(전은주, 1998: 201).

말하기 교육에서 학생들의 참여를 높이고 학습자간의 사회적 상호 작용 개발을 증진시키는 교수 방법으로 역할극을 활용할 수 있다. 사람들은 어떠한 상황이나 사물 또는 사람에 대하여 저마다의 독특한 관계 방식을 갖고 있게 마련이다. 이것은 하루 아침에 이루어지는 것이 아니고, 오랜 시간을 두고 형성되는 것이다. 지속적인 관계 방식을 흔히 일컬어서 역할(role)이라고 한다. 역할극이란 곧 타인의 역할을 경험해 봄으로써 자신과 타인을 이해하는 데 도움을 주고자 하는 극화된 놀이이다(이성호, 1999: 294). 역할극은 행동적인 경험을 통한 문제 해결 교수 학습 방법으로 활용된다는 데 그 근본적인 가치가 있다. 개인적 측면에서 볼 때 역할극은 각 학습자 개인으로 하여금 그들의 삶의 세계 안에서 개인적 의미를 발견하도록 하고, 사회집단의 도움으로 개인적 문제를 해결하도록 도와준다. 그리고 사회적 측면에서 볼 때, 역할극은 사회적 상황을 반영하므로 인간 관계 문제 해결의 방법으로 가치가 있다.

역할극은 학습자들의 적극적인 참여와 개입으로 수업이 진행될 수 있다는 점에서 이점을 찾을 수 있다. 뿐만 아니라 경제적인 부담이 없기 때문에 역할극을 교실 내에서 손쉽게 활용할 수 있다. 그러나 역할극이 교수 방법으로 활용되는 데에는 몇 가지 단점도 있다. 아무리 상황을 잘 설정해도 그것이 현실의 경우처럼 생생하게 재현되기 어려운 점이 있다. 또한 역할극은 일반적으로 시간이 많이 소모된다는 점, 그리고 학습자들의 능력 수준과 참여 의욕에 따라 성패가 좌우된다는 점에서 문제가 있기도 하다.

역할극은 학습 과제가 다음과 같을 때 효과적인 교수 학습 모형이다.

첫째, 역할극은 대인 관계에 관련된 학습 과제일 때 적합하다. 일상적인 대화에서 화자가 청자에 대한 태도를 설정하는 문제는 대인 관계와 관련된 문제이기 때문에 역할극으로 학습하게 될 때 효과적이다.

둘째, 학습 과제가 정의적 영역에 관련성이 깊을 때 이 방법은 효과적이다. 역할극은 능력과 배경이 다른 학습자들 상호간의 협력적 활동이므로 서로에 대한 긍정적인 태도를 기르는데 도움을 준다.

역할극은 크게 세 가지 행위 요소로 구성되어 있다. 하나는 극을 준비하는 일이고, 다음에는 그 극 자체를 공연하는 것이고, 끝으로는 그 극에서 이루어졌던 활동을 분석하는 것이다. 일상 대화에서 화자가 청자에 대한 태도를 설정하는 과정을 정체성 구성하기로 보고 이를 역할극으로 구성해 보면 다음과 같다.

우선 준비 절차를 따져보면, 첫째는 응답 선택지가 네 가지이기 때문에, 학급을 넷 또는 여덟 조로 나눈다. 교사는 네 가지 응답 선택지 가운데 하나가 적힌 쪽지, 청자 지향 표현 방법 중 하나가 적힌 쪽지, 역할극 상황이 적힌 쪽지를 각 조에게 나누어준다. 역할극 상황은 가족과의 대화, 이성 친구와의 대화, 직장 동료나 직장 상사와의 대화 중에서 선택하여 제시하도록 한다. 각각의 조는 조원들끼리 서로 상의를 하여 맡게 될 역할을 결정하도록 한다. 조원들 중 누가 자기 조에 부여된 응답 선택지 내용을 반영하여 역할을 맡고, 조원들 중 누가 청자 지향적인 표현 방법을 사용할 것인지 결정하도록 한다. 각 조원들은 부여받은 과제 맥락 속으로 결정된 역할들을 통합시켜 역할극을 구성하도록 한다.

두 번째 단계는 극 자체를 공연하는 것이고 역할극에 참여하지 않은 학생들은 공연을 관찰하는 과정이다. 각 그룹이 역할극을 발표할 때, 학급의 나머지 사람들은 소집단 내 누가 특정 응답 선택지를 반영하는 방식으로 의사소통을 하고 있는지 그리고 누가 청자 지향적 표현을 쓰고 있는지 찾아보게 한다. 학급의 나머지 사람들은 선택된 항목의 증거가 되는 단서와 청자 지향적 표현 방법을 찾아내야 한다. 만일 학급의 나머지 학생들이 이러한 것들을 찾아 내지 못하거나 의견이 일치하지 않고 의문을 제기한다면 해당하는 조의 역할극을 다시 시도하도록 해도 무방하다.

세 번째 단계는 극에서 이루어졌던 활동을 분석하는 것이다.

역할극은 '자유 역할극'(free role play)과 '규정 역할극'(prescribed role play)으로 나뉜다. '자유 역할극'은 기본 상황만 설정해 주고 필요한 대사를 학생들이 준비하게 하는 것이다. 또는 미리 준비하지 않고 즉석에서 학생들 앞에 나와서 하게 하는 즉흥극으로 구성할 수 있다. 이 때 처음 몇 마디의 대사를 주고, 나머지 대사를 이어 가게 할 수도 있다. 그룹간의 차이를 비교해 보는 것도 흥미로운 활동이다. '규정 역할극'은 상황이 주어지고, 대화에서 다뤄야 할 일련의 과제가 주어지는 것이다. 자유 역할극을 할 것인지 규정 역할극을 할 것인지는 학습 내용에 따라 결정하면 된다. 위에서 3단계로 구성한 역할극은 규정 역할극에 해당한다.

다음과 같이 대사 일부를 예로 보이고 학생들이 역할극 활동을 하도록 수업을 진행할 수 있다.

(역할극 대사 일부 예)
대형 갈비집 식당안.
혜수 : (손님에게) 어서 오세요.
(아르바이트생에게) 2번 테이블로 안내해.
(나가는 손님에게서 돈을 받고 계산을 한 후 인사를 한다.)
안녕히 가세요.
태호 : (계산서를 내밀면) !어? 안녕하세요?
혜수 : !…안녕하세요.
태호 : 어떻게 여기에…?
혜수 : (당혹해하며) 친척 가게예요.
태호 : 아, 그러십니까.
(태호와 일행, 막 밖으로 나가면)
혜수 : (뒤따라 나와) 저, 잠깐만요.
태호 : 아, 네.(다가가고)
혜수 : (머뭇하다) 부탁이 있어서요.
태호 : 네. 뭡니까?
혜수 : 미영이…영국에서 …왔어요?
태호 : 아뇨. 간 김에 여행을 하고 오겠다고…한달 더 있다 오겠답니다만.
혜수 : 네에…저…미영이 오면 저 여기서 일한다는 이야기하지 말아 주세요.
태호 : 네? 아, 네에…
혜수 : 별 뜻이 있는 건 아니구요. 그냥 알리고 싶지 않아요.
태호 : 아, 네. 알겠습니다.(머뭇거리며)

(KBS 연속극, 사랑과 전쟁 (제51화) "여고 동창생" 중에서)

식당의 계산대에서 일을 보고 있는 '혜수'와 고객인 '태호'와의 대화이다. '혜수'와 '태호'는 안면이 있는 관계이기 때문에 '혜수'가 다른 고객을 대할 때와는 다른 응답을 하며 대화를 이끌어가고 있다. 사회적 관계로서만 반응하는 '점원과 고객'의 대화가 아니라 개인적인 관계로 대화를 이끌어가고 있다.

예시로 보인 역할극 대화 이전에 태호와 태호 일행들이 식사를 하면서 나누는 대화를 구성한다든지, 혜수와 미영이가 만났을 때 나누는 대화를 구성하도록 하여 조별로 역할극을 하도록 한다.

제5장 결 론

지금까지 대화 지도 내용을 추출하는 작업의 일환으로 청자 지향적 관점의 표현 양상과 표현 방법을 규명하였다. 본 연구에서는 크게 네 가지로 대화 지도 내용 구성에 접근하였다.

첫째, 대화는 화자와 청자의 역동적이며 상호 작용적인 의사소통 행위이기 때문에 화자와 청자의 '관계'를 규명하는 차원에서 정체성과 정체성 구성 과정을 논의하였다.

둘째, 대화는 청자에 대한 화자의 태도에 따라 표현이 달리 선택되기 때문에 화자의 태도와 화자의 관점과의 연관성을 논의하였다.

셋째, 청자를 배려하는 말하기로 청자 지향적 관점의 표현 방법을 규명하였다.

넷째, 이상에서 논의된 것을 토대로 대화 지도를 위한 교재 구성 원리를 밝히고 청자 지향 표현의 교수 학습 전략을 제시하였다.

지금까지 논의된 내용을 요약하면 다음과 같다.

2장에서는 청자 지향적 관점의 표현을 대화 지도의 내용으로 삼기 위한 이론적 토대를 탐색하는 데 초점을 두어 화자와 청자의 관계를 살펴보았다. 화자는 자기 자신이 누구인지, 대화 상대자인 청자는 누구인지, 이 둘의 관계 속에서 자신의 모습은 어떠한지를 근본적으로 살펴봄으로써 대화하는 태도를 정하게 된다. 화자와 청자, 상호간의 관계를 알아가는 과정을 정체성 구성하기로 보았다. 정체성을 구성하는 과정과 양상에 따라 나타나는 대화 유형을 네 가지로 제시한 후 개별적 인식, 열린 표현에 가까울수록 열린 태도에 가깝고, 전형적 인식, 닫힌 표현에 가까운 대화 유형을 선택할수록 닫힌 태도에 가깝다는 것을 대화 분석을 통해 입증하였다.

3장에서는 대화가 인간 관계 형성에 중요한 역할을 하기 때문에 청자를 고려하고 배려하는 표현인 청자 지향적 표현의 중요성을 살펴보았다. 또 청자 지향적 표현의 양상과 청자 지향적 표현을 구사하는 방법을 상대방 배려의 원리에 근거하여 살펴보았다. 청자 지향적 표현을 화자, 청자, 이야기 거리라는 세 가지 측면에서 살펴보았다. 청자 지향적 표현 방법은 구조적 표현 방법과 비구조적 표현 방법 두 가지 측면에서 구분하였다. 청자 지향적 표현 방법 중 구조적 표현 방법으로는 ① 열린 질문 방법, ② 청자 지향 어휘 선택 방법, ③ 나 전달법, ④ 공감적 응대 방법, ⑤ '동의, 그러나' 방법, ⑥ 우리 전달법, ⑦ 되묻기 방법, ⑧ 간접 표현 방법 등이 있음을 제시하였다. 비구조적 표현의 방법으로는 ① 입장 바꾸기 방법, ② 화자의 판단 유보하기 방법, ③ 청자 지식 공유화 방법 등 지도 항목이 있음을 밝혔다.

4장에서는 대화 지도를 위한 교재 구성 원리로 ① 소집단 활동 중심의 원리 ② 태도 중심적 교재 구성의 원리 ③ 말하기·듣기 통합 구성의 원리 ④ 교수 학습 방법 제시의 원리 ⑤ 학습 동기 유발 제시의 원리 ⑥ 수준별 구성의 원리를 제시하였다. 또 청자 지향 표현을 지도하기 위해 소집단 교수 학습 전략과 역할극 모형을 제시하였다.

본 연구는 말하기 교육에서 청자의 역동적인 역할을 부각하는 쪽으로 말하기 교육이 이루어져야 한다는 판단에서 출발하였다. 지금까지의 말하기 지도와 말하기 이론 연구는 화자 측면이 강조되는 방식으로 이루어졌기 때문에 이에 대한 반성적 접근을 본고에서 하였다. 청자 측면을 부각하는 방식으로 표현 이론 연구와 교재 구성, 교수 학습 전략을 모색하는 쪽으로 연구를 하였다.

본 연구는 의사소통 현상 자체에 대한 기초적인 연구부터 접근하여 말하기 교육의 내용 구성에 일조를 하였다는 점에서 의의가 있다. 의사소통 현상 자체에 대한 기초 연구를 토대로 대화 지도를 위한 교재 구성 원리와 수업 모형을 제시하였다.

본 연구에서 미처 다루지 못했지만 앞으로 연구될 필요가 있다고 여겨지는 몇 가지 과제를 제안하면 다음과 같다.

첫째, 청자 지향적 관점의 표현은 일상 대화에서는 물론 다른 구어 담화에서도 일정 방식으로 사용되는 의사소통의 방식이다. 따라서 일상 대화 외에도 다른 구어 담화에서 보이는 청자 지향적 관점의 표현을 연구함으로써, 의사소통에 나타나는 청자 지향적 표현의 양상과 방법을 좀 더 규명할 수 있을 것이다.

둘째, 청자 지향적 표현 방법은 본고에서 제시한 것 이외에도 다양하게 존재할 것이다. 향후 본고에서 다루지 못한 표현 방법에 대해 보완적인 연구가 기대된다.

셋째, 청자 지향적 표현을 위주로 본고에서 제시한 대화 지도 내용과 교수 학습 전략이 좀더 실효성을 얻기 위해서는 대화 지도 내용에 대한 또 다른 연구들이 축적되어야 할 것이다. 이러한 연구를 토대로 마련된 대화 지도 내용과 교수 학습 전략은 국어 교육의 학문 영역을 넓혀 줄 것이다.

참고문헌

고인수(1995), A Cross-Cultural Study of Requests in English and Korean(영어와 한국어의 요청화행 비교연구), 서울대학교 박사학위논문.

고인수(1996), "언어학적 공손 이론의 재평가 : 영어와 한국어를 중심으로", 인문논총 10, 울산대학교.

교육부(1997), 제7차 국어과 교육과정, 교육부 고시 제1997-15호.

구현정(1997), 대화의 기법, 한국문화사.

구현정(2000), 개정 대화의 기법, 경진문화사.

국립국어연구원(1999), 표준국어대사전, 두산동아.

권순희(1996a), "인식의 거리 이동을 통한 표현 효과 연구", 국어교육학연구 6, 국어교육학회.

권순희(1996b), "언어 문화적 특성을 고려한 한국어 교육의 교재 편성 방안", 국어교육연구 3, 서울대학교 사범대학 국어교육연구소.

권순희(2000), "수신자 지향 관점 선택에 따른 표현 양상과 기능", 국어교육 102, 한국 국어교육 연구회.

권순희(2001), "컴퓨터 통신 대화의 언어적 특성 고찰", 국어교육 105, 한국 국어교육 연구회.

권순희(2004), 국어학과 국어교육, 한국문화사.

김광해(1993a), 국어 어휘론 개설, 집문당.

김광해(1993b), 문법과 탐구학습, 선청어문 20, 서울대 사대 국어과.

김광해(1995), 어휘 연구의 실제와 응용, 집문당.

김상희(1995), 국어과 수업 담화 분석을 통한 교수 전략 연구 -"말하기/듣기", "언어" 영역을 중심으로, 서울대 석사학위논문.

김선희(1991), "여성어에 관한 고찰", 목원대학 논문집 19, 목원대학교.
김영숙 외 5인(1999), 영어과 교육론 - 이론과 실제 -, 한국문화사.
김재원(1998), "성서가 제시하는 화행원칙", 사회언어학 6(2), 한국사회언어학회.
김종택(1984), 국어화용론, 형설출판사.
김종택(1996), 고등학교 화법, 동아서적.
김주환(1991), "방송에서의 질문 요령", 아나운서 교본, KBS 문화사업단.
김진우(1994), 언어와 의사소통-수사학과 화용론의 만남-, 한신문화사.
김태엽(1983), "수사 의문문의 간접표현에 대하여" 논문집 4, 영주경상전문대학.
김희수(1994), 화술의 이론, 전남대학교 출판부.
노대규(1996), 한국어의 입말과 글말, 국학자료원.
노명완(1989), 국어교육론, 한샘.
노명완(1997), "말하기 · 듣기 교육의 개념과 탐구 과제", '97말하기 · 듣기 영역 교육과정 내용의 체계화 연구 보고서, 서울대학교 국어교육연구소.
노명현(1985), "청자와 화행", 논문집 7(1), 창원대학.
노은희(1999), 대화 지도를 위한 반복표현의 기능, 서울대학교 박사학위논문.
민현식(1997), "국어 남녀 언어의 사회언어학적 특성 연구", 사회언어학 5(2), 한국사회언어학회.
민현식(2000), 국어교육을 위한 응용국어학 연구, 서울대학교 출판부.
박갑수(1999), 아름다운 우리말 가꾸기, 집문당.
박갑수 · 김광해 · 박호영(1996), 고등학교 화법, 한샘출판.
박기순(1998), 대인커뮤니케이션, 세영사.
박미라(1988), "언어와 시점", 영어영문학 연구 10, 연세대학교 영어영문학회.
박배영(1978), "영어와 한국어의 완곡어법의 대조 연구", 논문집-인문사회과학 편 13, 한국해양대학.
박성익(1997), 교수 · 학습 방법의 이론과 실제(1), 교육과학사.
박성현(1996), 우리말의 말차례체계와 화제, 서울대학교 박사학위논문.
박승윤(1990), 기능문법론, 한신문화사.
박영목 · 한철우 · 윤희원(1996), 국어교육학 원론, 교학사.

박용익(1998), 대화분석론, 한국문화사.

박인기(2000), "국어과 교육에서 정의교육의 향방과 재개념화", 국어교육학회 제14회 학술발표대회.

배두본(1990), 영어교육학, 한신문화사.

배두본(1999), 영어 교재론 개관 - 이론과 개발 -, 한국문화사.

변영계(2000), 교수·학습 이론의 이해, 학지사.

서 혁(1994), 속담에 나타난 언어에 대한 태도와 속담어법 교육, 남천박갑수선생화갑기념논문집.

서 혁(1996), 담화의 구조와 주제 구성에 관한 연구, 서울대학교 박사학위논문.

서울대학교 국어교육연구소 편(1999), 국어교육학 사전, 대교출판.

손세모돌(1997), 창의적인 생각, 체계적인 글, 한국문화사.

송경숙(1996), "영어와 한국어 대화에서 성(性, gender)의 역학", 사회언어학 5(2), 한국사회언어학회.

송인섭(1998), 人間의 자아 개념 탐구, 학지사.

신세호 외(1979), 교과서 구조 개선에 관한 연구, 한국교육개발원.

안정근(1997), "시장에서 행해지는 가격흥정의 담화분석", 사회언어학 5(2), 한국사회언어학회.

유동엽(1997), 대화 참여자의 대화 전략에 관한 연구 - 상호 작용을 위한 대화를 중심으로 -, 서울대학교 석사학위논문

유병태(1985), "금기어와 완곡어법의 언어학적 역할", 논문집 - 인문과학편 13, 관동대학.

윤희원(1986), "말하기 교육에 관련된 수삼의 과제", 국어교육 57·58, 한국 국어교육 연구회.

윤희원(1991), "중·고등학교의 말하기·듣기 지도", 논문집 42, 한국 국어교육 연구회.

윤희원 역(1995), 좋은 화법과 화법 지도, 교육과학사.

윤희원 외 7인 공저(1994), 교과교육학 탐구, 교육과학사.

이가원 감수, 이기석·한백우 공역(2000), (신역) 논어, 홍신문화사.

이금주 극본, 사랑과 전쟁 제51화 여고 동창생, 2000년 10월 27일 방송, 한국방송공사

이기문(1986), 속담사전, 일조각.
이기석 역(1999), (신역) 소학, 홍신문화사.
이삼형 외 7인 공저(2000), 국어교육학, 소명출판.
이상화 외(1992), 대화의 철학, 서광사.
이성영(1992), "국어과 교재의 특성", 국어교육학연구 2, 국어교육학회
이성영(1994), 표현 의도의 표현 방식에 관한 화용론적 연구, 서울대학교 박사학위논문.
이성영(1995), 국어교육의 내용 연구, 서울대학교 출판부.
이영래(1992), 間接言語行爲에 關한 硏究, 경북대학교 박사학위논문.
이옥련 · 민현식(1996), 무슨 말을 어떻게 할 것인가, 숙명여자대학교 출판부.
이완정(1990), 아동이 지각한 부모의 언어통제방식과 아동의 참조적 의사소통, 서울대 석사학위논문.
이용주(1993), 한국어의 의미와 문법 I ; 기본적인 관점, 삼지원.
이원표(1998), "한보청문회에서의 질문 분석 : 제도상황과 화자의 태도표현", 사회언어학 6(1), 한국사회언어학회.
이응백 · 이주행(1997), 말을 어떻게 할 것인가 - 효과적인 화법의 비결 -, 현대문학.
이장호(2000), 상담면접의 기초, 중앙적성출판사.
이재승(1997), "말하기 · 듣기의 교수 학습 방안", '97 말하기 · 듣기 영역 교육과정 내용의 체계화 연구 보고서, 서울대학교 국어교육연구소
이주섭(2001), 상황맥락을 반영한 말하기 · 듣기 교육의 내용 구성에 관한 연구, 한국교원대학교 박사학위논문.
이주행(1983), 話法의 原理와 實際, 경문사.
이주행(1999), 방송화법, 도서출판 亦樂.
이주행 · 윤희원 · 이석주 · 이충우 · 김현중 · 박경현(1996), 고등학교 화법, 금성출판사.
이준희(2001), 간접화행, 도서출판 亦樂.
이중현(1999), 열린교육을 위한 학습방법 41가지, 내일을 여는 책.
이창덕 · 임칠성 · 심영택 · 원진숙(2000), 삶과 화법, 도서출판 박이정.
임규홍(1998), 어떻게 말하고 들을 것인가, 박이정.
임영환 외 5인 공저(1997), 화법의 이론과 실제, 집문당.

임종보(1989), "화자-청자의 언어적 지위에 대하여", 동서어문연구 3, 배재대학 비교문화연구소.

임칠성(1997a), "화법 교육의 방향 연구", 국어교육 94, 한국국어교육연구회.

임홍빈(1993), "국어 억양의 기본 성격과 특징", 새국어생활 3(1), 국립국어연구원.

임홍빈 · 서정목(1996), 고등학교 화법, 두산.

장석진(1985), 화용론 연구, 탑출판사.

전영우(1987), 국어화법론, 집문당.

전영우 · 이인섭 · 홍신선 · 김영인(1996), 고등학교 화법, 교학사.

전은주(1998), 말하기 · 듣기의 본질적 개념과 교육과정 구성 방안 연구, 고려대 박사학위논문.

전은주(1999), 말하기 · 듣기 교육론, 박이정.

조규일 · 홍성암 · 조상기 · 박영순(1996), 고등학교 화법, 천재교육.

차경숙(1997), 아동이 지각한 어머니의 양육태도 및 언어통제유형이 아동의 자아 존중감에 미치는 영향, 이화여자대학교 석사학위논문.

차경애(1997), "어머니의 언어유형과 아동의 인지능력의 발달", 사회언어학 5(2), 한국사회언어학회.

차배근(1995), 커뮤니케이션學槪論(上), 世英社.

차배근(1996), 고등학교 화법, 지학사.

천경록(1997), "말하기 · 듣기의 교육 내용 구성과 교과서 개발", '97 말하기 · 듣기 영역 교육과정 내용의 체계화 연구 보고서, 서울대학교 국어교육연구소

최규수(1993), "시점과 문형의 관계", 우리말 연구 3, 우리말 연구회.

최규수(1994), "시점과 안은 겹월의 격 실현", 한글 224, 한글학회.

Anderson, R. C. & Pichert, J. W.(1978), "Recall of Previously Unrecallable Information Following a Shift in Perspective", *Journal of Verbal Learning and verbal behavior* Vol. 17.

Berne, E.(1961) *Transactional Analysis in Psychotherapy*, Grove Press, New York.

Bernstein, B, B(1971), Class, Codes and Control, Routledge & Kegan Paul,

Londen.

Chodorow, N.(1978), *The Reproduction of Mothering : Psychoanalysis and the Sociology of Gender*, University of California Press, Berkeley.

Clark, H. H. & Marshall, C. R.(1981) "Definite Reference and Mutual Knowledge" In Joshi, A. K., Webber, B. L. & Sag, I. A.(eds), *Element of Discourse Understanding*, Cambridge University Press, Cambridge.

Clark, H. H. & Wilkies-Gibbs, D.(1986), "*Referring as a Collaborative Process*", *Cognition* Vol. 22.

Clark, H. H.(1985), "Language Use and Language Users", In Lindzey, G. & Aronson, E.(eds), *The handbook of Social Psychology* Vol. 2, Harper and Row, New York.

Farb, P., 이기동 · 김혜숙 · 김혜숙 공역(1997), 말 그 모습과 쓰임: 사람들이 말을 할 때 어떤 일이 일어나는가?, 한국문화사.

Gilligan, C.(1982), *In a Difference Voice: Psychological Theory and Women's Development*, Harvard University Press, Cambridge.

Goffman, E.(1981), *Forms of Talk*, philadelphia: University of Pennsylvania.

Graham, E. E., Barbato, C. A., & Perse, E. M.(1993), "The Interpersonal Communication Motives Model", *Communication Quarterly* Vol. 41.

Graumann, C. F. & Sommer, C. M.(1988), "Perspective Structure in Language Production and Comprehension", *Journal of Language and Social Psychology* Vol.7.

Graumann, C. F.(1989), "Perspective Setting and Taking in Verbal Interaction", In Dietrich, R. & Graumann, C. F.(eds), *Language Processing in Social Context*, Elsevier Science Publishers, North-Holland.

Graumann, C. F.(1989), "Perspective Setting and Taking in Verbal Interaction", In Dietrich, R. & Graumann, C. F.(eds) *Language Processing in Social Context*, Elsevier Science Publishers, North-Holland.

Grice, H. P.(1975), Logic and Conversation, In Cole, P. and Morgan, J. L. (eds), *Syntax and semantics3 : Speech acts*, Academic Press, New York.

Heider, F.(1958), *The Psychology of Interpersonal Relations*, Wiley, New York.

Husserl, E.(1948), *Erfahrung und Urteil*, Claasen and Goverts, Hamburg.

__________(1950), *Ideen zu einer reinen Phänomenologie und Phänomenologischen*

Philosophie, Vol.1, Den Haag.

Kelly, G. A.(1955), *The Psychology of Personal Constructs*, New Youk: Norton.

Knapp, M. L.(1984), *Interpersonal Communication and Human Relationships*, Allyn and Bacon, Boston.

Krauss, R. M.(1987), "The Role of the Listener: Addressee Influences on Message Formulation", *Journal of Language and Social Psychology* Vol. 6(2).

Kuno, S.(1987), *Functional Syntax. - Anaphora, Discourse and Empathy -*, University of Chicago Press, Chicago.

Lakoff, R.(1975) *Language and woman's place*, Harper & Row, New York.

Leech, G. N.(1997), "Pragmatics, Politeness and Cross-cultural Communication", 서울대학교 어학연구소 주관 1997년 10월 24일 월례어학세미나 자료.

Malone, M.(1997), *World of Talk*, Polity Press, Cambridge.

McKay, M., Davis, M., & Fanning P., *Message : The Communication Skills Book*, 임철일, 최정임 공역(1999), 효과적인 의사소통을 위한 기술, 커뮤니케이션북스.

McNail, D.(1985), "So You Think Gestures are Nonverbal", *Psychological Review* Vol. 92.

Mead, G. H.(1934), "Mind, Self and Society", In Morris, C. W.(eds), *The Standpoint of a Social Behaviorist*, University Press, Chicago.

Mead, G. H.(1959), *The philosophy of the present*, Open court, La Salle.

Millar, F. E. & Rogers, L. E.(1978), "A Relational Approach to Interpersonal Communication", In Miller, G. R.(eds), *Explorations in Interpersonal Communication*, Sage, Beverly Hills.

Nunan, D.(1991), *Language teaching methodology : A textbook for teachers*, Prentice Hall, New York.

Ong, W. J.(1982), *Orality and Literacy*, 이기우 · 임명진 공역(1997), 구술문화와 문자문화, 문예출판사.

Piaget, J.(1973), *To Understand is to Invent: The Future of Education*, G. and A. Reberts, trans. New Youk : Grossman.

Pichert, J. W. & Anderson, R. C.(1977), "Taking Different Perspectives on a

Story", *Journal of Educational Psychology* Vol. 69(4).

Plous, S.(1993), *The Psychology of Judgement and Decision Making*, McGraw-Hill.

Reardon, K. K.(1987), *Interpersonal Communication - Where Minds Meet*, 임칠성 역(1997b), 대인의사소통, 한국문화사.

Renkema, J.(1992), *Discourse Studies*, 이원표 역(1997), 담화연구의 기초, 한국문화사.

Rogers, C. R.(1951), "Communication: Its Blocking and Facilitation," *On Becoming a Person*, Houghton Mifflin.

Rubin, L.(1983), *Intimate Strangers : Men and Women Together*, Harper & Raw, New York.

Sampson, E. E.(1993), *Celebrating the Other : A Dialogic Account of Human Nature*, Westview Press, San Francisco.

Stewart, J. & Logan, C. E.(1998), *Together - Communicating Interpersonally*, McGraw-Hill.

Stubbs, M.(1983), *Discourse Analysis*, 송영주 역(1993), 담화 분석 - 자연언어의 사회언어학적 분석 -, 한국문화사.

Tannen, D.(1987), *That's not What I meant*, 이용대 역(1992), 내 말은 그게 아니야, 사계절.

Tannen, D.(1990), *You Just don't Understand: Women and Men in Conversation*, William Morrow and Company, New York.

Tavris, C. and Wade, C.(1984), *The Longest War : Sex Difference in Perspective*, Harcourt, Brace, Jovanovich, New York.

Trudguill, P.(1974), *An Introduction to Sociolinguistics*, 남원식 역(1985), 사회언어학개론, 형설출판사.

van Dijk, T. A.(1981), *Studies in the Pragmatics of Discourse*, The Hague, Mouton.

Verschueren, J.(1987), "The Pragmatic Perspective", In Bertuccelli-Papi(eds), *The Pragmatic Perspective*, John Benjamins Publishing Company.

Volkmann, J.(1951), "Scales of Judgment and their Implications for Social Psychology", In Rohrer, J. H. & Sherif, M.(eds), *Social Psychology at Cross-Roads*, Harper, New York.

▌부록▌ '청자 지향 표현의 실태'에 관한 설문 조사

안녕하십니까?
이 설문지는 국어과 교육의 '말하기' 영역 중에서 '대화 전략'과 관련된 학술 연구를 위해 객관적 자료로 활용하고자 설계된 것입니다.
학생 여러분이 성실하게 답해 주시면 연구에 큰 도움이 되겠습니다.

◎ 성별 : 남(　　　) 여(　　　)

1. ○○님은 중・고등학교 때 대화하는 방법에 대한 말하기 교육을 받은 경험이 있습니까?
   ① 있다.　　　② 없다.

2. 중・고등학교에서 '효과적인 대화 방법'에 대해 가르칠 필요가 있다고 생각하십니까?
   ① 가르칠 필요가 있다.　　　② 가르칠 필요가 없다.

3. ○○님은 평소에 다음 중 어떤 표현을 자주 사용하십니까?(방을 깨끗이 청소하라고 자녀나 동생 등 나이 어린 손아래 사람에게 말을 할 상황에서)
   ① 철수야, 방 청소 해.
   ② 철수야, 방 청소 좀 할래?
   ③ 철수야, 우리 방 청소 좀 하자.
   ④ 철수야, 방이 너무 지저분하구나.
   ⑤ 나는 철수가 자기 방은 스스로 정리할 수 있는 아이였으면 좋겠어.

4. ○○님이 청자일 경우 다음 중 어떤 표현이 가장 듣기 좋은 표현이라고 생각하십니까?
   ① 철수야, 방 청소 해.
   ② 철수야, 방 청소 좀 할래?
   ③ 철수야, 우리 방 청소 좀 하자.
   ④ 철수야, 방이 너무 지저분하구나.
   ⑤ 나는 철수가 자기 방은 스스로 정리할 수 있는 아이였으면 좋겠어.

5. 퇴근하고 돌아오는 남편과 집에서 살림하는 아내와의 대화입니다. 밑줄 친 곳에 말을 한다고 할 때 일반적으로 어떤 유형의 말을 하십니까? (기혼 남녀가 아닌 경우에는 가정에서 일반적으로 사용하거나 듣는 말을 골라 주십시오.)

   아내 : 다녀왔어요?
   남편 : 별 일 없었어?
   아내 : 하루 종일 청소했더니, 어깨도 결리고 온몸이 쑤셔 죽겠어요.
   남편 : ______________________________

   ① 그럼 내일 병원에나 가봐.
   ② 온몸이 쑤시고 아프다고? 너무 무리를 했나보군.
   ③ 당신은 항상 여기 아프다 저기 아프다 타령이야.
   ④ 밥부터 줘.
   ⑤ 사는 게 다 고생이지.

6. 퇴근하고 돌아오는 남편과 집에서 살림하는 아내와의 대화입니다. 당신이 아내라면 밑줄 친 곳에서 어떤 유형의 말을 들었을 때 가장 기분이 좋을 거라고 생각하십니까?

   아내 : 다녀왔어요?
   남편 : 별 일 없었어?
   아내 : 오늘 철수 등록금 내느라고 한달 월급 다 썼어요.
   남편 : ______________________________

① 들어오자마자 바가지야?
② 돈벌어 다 갖다 주는데 날더러 어떻게 하라고. 도둑질이라도 하란 소리야.
③ 철수 등록금을 냈어? 그랬군.
④ 자식 가르치자고 돈버는 거잖아.
⑤ 돈은 돌고 도는 거야.

7. 다음은 아들의 부탁을 거절하는 엄마와 아들과의 대화입니다. 당신이 엄마라면 밑줄 친 곳에서 어떤 유형의 말을 하십니까?(가정에서 일반적으로 쓰는 말을 골라 주십시오.)

철수 : 엄마, 퀵보드 사 주세요.
엄마 : ____________________

① 안돼.
② 생각해 볼게.
③ 넌 돈먹는 기계니?
④ 아빠랑 상의해 볼게
⑤ 그거 위험하다고 텔레비전에서 보도하더라.

8. 다음은 아들의 부탁을 거절하는 엄마와 아들과의 대화입니다. 당신이 아들 입장이라면 밑줄 친 곳에서 어떤 유형의 말을 들었을 때 기분이 상하지 않을 것이라고 생각하십니까?

철수 : 엄마, 퀵보드 사 주세요.
엄마 : ____________________

① 안돼.
② 생각해 볼게.
③ 넌 돈먹는 기계니?
④ 아빠랑 상의해 볼게.
⑤ 그거 위험하다고 텔레비전에서 보도하더라.

9. 다음 중 어떤 질문이 대화를 이끄는 질문(청자의 답변으로 원활하게 이야기가 전개되는 질문)이라고 생각하십니까?
   ① 방학을 어떻게 지냈니?
   ② 방학을 잘 지냈니?
   ③ 방학을 잘 지냈니, 못 지냈니?
   ④ 방학 잘 지냈지 그렇지?
   ⑤ 방학동안 별 하는 일없이 그냥 지냈지?

10. 다음 중 누구와 대화를 할 때 가장 어려움을 느끼십니까?
   ① 부모 ② 직장 상사(교수)
   ③ 자녀(동생) ④ 친구
   ⑤ 일반대중

11. 대화를 잘 하기 위해 필요한 것이 무엇이라고 생각하십니까?
   ① 연습 ② 풍부한 지식
   ③ 계속적인 만남 ④ 청자에 대한 관심
   ⑤ 상황 파악

12. 대화에서 고려해야 할 가장 중요한 사항이 무엇이라고 생각하십니까?
   ① 정보 전달 ② 친교 유지
   ③ 가치관 공유 ④ 지식 공유
   ⑤ 기타 ( )

13. 대화를 할 때 청자 요소 중 가장 중요하게 고려하는 것은 무엇입니까?
   ① 나이 ② 지위의 고하
   ③ 친분관계 여부 ④ 정서적 상태
   ⑤ 기타 ( )

– 정성껏 답해 주셔서 감사합니다. –

찾아보기

ㄷ

ㅁ

ㅂ

ㅅ

저자 권순희(權純熙)

서울대학교 국어교육과 학사, 석사, 박사
KBS 9시 뉴스 표현자문위원, 서울대학교 시간강사, 홍익대학교 겸임교수
호주 뉴사우스웨일즈 대학교(UNSW) 초빙교수
서울대학교 국어교육연구소 선임연구원 역임
현재 전주교육대학교 국어교육과 교수
E-Mail 주소 : shkwon@jnue.ac.kr

■ 저서 ■

신문의 언어문화와 미디어교육(2003, 서울대출판부, 공저)
교사 화법의 이론과 실제(2003, 역락, 공저)
국어학과 국어교육(2004, 한국문화사)
한국어 교수법(2005, 태학사, 공저) 등

청자 지향적 관점의 표현 교육

인 쇄 2005년 05월 02일
발 행 2005년 05월 07일

저 자 권 순 희
펴낸이 이 대 현
편 집 박 윤 정
펴낸곳 도서출판 역락
서울 성동구 성수 2가 3동 301-80 (주)지시코 별관 3층
전 화 : 3409-2058, 3409-2060 FAX : 3409-2059
홈페이지 : http://www.youkrack.com
이메일 : youkrack@hanmail.net
등 록 1999년 4월 19일 제2-2803호

정 가 10,000원
ISBN 89-5556-349-3-93710